Alexandre Rojas
Sergio Kostin

INTRODUÇÃO À PROGRAMAÇÃO COM PYTHON

Python 3 para principiantes e intermediários
com os principais comandos e Bibliotecas Numpy e Mathplotlib

Alexandre Rojas
Sergio Kostin

INTRODUÇÃO À PROGRAMAÇÃO COM PYTHON

Python 3 para principiantes e intermediários com os principais comandos e Bibliotecas Numpy e Mathplotlib

EDITORA CIÊNCIA MODERNA

Introdução à Programação Python

Editor: Paulo André P. Marques
Produção Editorial: Dilene Sandes Pessanha
Capa: Daniel Jara
Copidesque: Equipe Ciência Moderna

FICHA CATALOGRAFICA

ROJAS, Alexandre; KOSTIN, Sergio.

Introdução à Programação Python

Rio de Janeiro: Editora Ciência Moderna Ltda., 2018.

1. Informática
I — Título

ISBN: 978-85-399-0981-0 CDD 001.642

Editora Ciência Moderna Ltda.
R. Alice Figueiredo, 46 – Riachuelo
Rio de Janeiro, RJ – Brasil CEP: 20.950-150
Tel: (21) 2201-6662/ Fax: (21) 2201-6896
E-MAIL: LCM@LCM.COM.BR
WWW.LCM.COM.BR

02/18

Prefácio

Python é uma linguagem de programação de alto nível, interpretada, de script, imperativa, orientada a objetos, funcional. Lançada por Guido van Rossum em 1991, é atualmente uma das Linguagens de Programação mais utilizadas no mundo. Uma linguagem contemporânea. Python é uma linguagem que foi criada para produzir código bom e fácil de manter de maneira rápida.

Suporta múltiplos paradigmas de programação. A programação procedimental pode ser usada para programas simples e rápidos, mas estruturas de dados avançadas estão disponíveis para facilitar o desenvolvimento de algoritmos complexos. Grandes projetos podem ser feitos usando técnicas de orientação a objetos, que é completamente suportada em Python. Assim, o Python se aplica na solução de problemas de várias complexidades.

Python é uma linguagem livre e multiplataforma. Isso significa que os programas escritos em uma plataforma serão executados sem nenhum problema na maioria das plataformas existentes sem nenhuma modificação.

Python tem uma comunidade ativa e vibrante, espalhada por todo o mundo. E, sendo uma linguagem livre, todos os seus usuários estão dispostos a contribuir com sua evolução e compartilhar experiências com todos. Isso faz com que a documentação seja abundante e existam módulos para executar virtualmente qualquer tarefa necessária.

Uma vez que os programas em Python são distribuídos na forma de código-fonte, qualquer pessoa pode alterar, corrigir e melhorar os algoritmos. Isso faz com que os módulos sejam maduros e seguros, testados contra diversas situações e diversas vezes. A robustez alcançada é um fator relevante.

É uma linguagem fácil de aprender; logo nos primeiros passos o "programador" é capaz de relevantes realizações; o aprendizado é progressivo e com pouco conhecimento o programador produz e amadurece. O limite da Linguagem é bastante extravagante, podendo chegar à intensa sofisticação. A aprendizagem é rápida, mas pode ser longa em direção ao amadurecimento do programador para tratamento de problemas complexos - do simples ao sofisticado. Linguagem de interesse comercial, atraente para profissionalização – colocação do profissional no mercado.

Por todas estas características é de se saudar o lançamento de um Livro didático sobre Python que, certamente, será instrumento para muitos iniciantes aprenderem esta linguagem e entrarem no mercado de trabalho. Um livro necessário.

Os professores Alexandre Rojas e Sergio Kostin elaboraram um Livro teórico e prático sobre uma linguagem que é utilizada em praticamente todos os Cursos de Computação.

O Livro apresenta uma teoria introdutória suficiente para solução de uma vasta gama de problemas de forma simples, mas fundamental; isso além de trabalhar muitos e significativos exemplos.
O Livro é um instrumento de iniciação que aponta e prepara a formação do profissional da computação. O livro é de leitura fácil, apoia aprendizado e sustenta o ganho progressivo de experiência e amadurecimento da pessoa no uso da linguagem. Registre-se que o Livro, principalmente pela forma com que os autores apresentam e discutem os assuntos, está bem afim com o conjunto de princípios que nortearam a criação da Linguagem Python dentre outros, beleza, simplicidade praticidade, utilidade. Estão de parabéns os professores Alexandre Rojas e Sergio Kostin pela iniciativa e pela qualidade da obra que produziram.

Rio de Janeiro, fevereiro de 2018

Antonio Carlos de Azevedo Ritto

Sobre os autores

Alexandre Rojas, Doutor em Engenharia de Transportes pela Universidade Federal do Rio de Janeiro (UFRJ, 2014). Professor Adjunto do Departamento de Informática e Ciência da Computação do Instituto de Matemática e Estatística da Universidade do Estado do Rio de Janeiro (UERJ). Professor das disciplinas Sistemas de Informação, Introdução ao Processamento de Dados e Fundamentos da Computação.

Sergio Kostin Doutor em Engenharia de Sistemas e Computação pela Universidade Federal do Rio de Janeiro (UFRJ, 2008). Professor Adjunto do Departamento de Informática e Ciência da Computação do Instituto de Matemática e Estatística da Universidade do Estado do Rio de Janeiro (UERJ).Coordenador do Curso de Introdução ao Processamento de dados-IPD.

Colaboradores No desenvolvimento deste livro, os autores contaram com a colaboração dos estagiários Vitor Cracel Messner e Gustavo Silva dos Santos, estudantes do curso de Bacharelado em Ciência da Computação pelo Instituto de Matemática e Estatística (IME/UERJ) e estagiários do CETREINA/UERJ, a quem manifestamos nossos agradecimentos.

Sumário

Capítulo 1

Introdução às Linguagens de Programação

1.1 Para quem é este livro

Este livro é destinado para estudantes dos cursos de ciências exatas bem como iniciantes em linguagens de programação. O Python [1]é, sem dúvida, a melhor escolha para ser a primeira linguagem de programação a ser aprendida por uma pessoa. É elegante, simples e poderosa. Com poucas linhas de código é possível fazer programas interessantes. Além do que, Python é extremamente intuitivo. Com o passar do tempo, o programador descobre naturalmente características da linguagem sem sequer tê-lo sido apresentado as mesmas, começando a escrever no famoso estilo Pythonico (Pythonic).
O livro está estruturado em 16 capítulos com uma pequena parte teórica e exercícios resolvidos e propostos. Organizado nos seguintes capítulos: Introdução às Linguagens de Programação; Primeiros Passos; Tipos Primitivos de Dados; Entrada e Saída; Expressões Aritméticas; Estruturas de Decisão; Estruturas de Repetição; Classe string; Tratamentos de Erro; Listas; Conjuntos; Tuplas e Dicionários; Funções; Arquivos; Numpy; e Matplotlib.
Nos exercícios resolvidos procurou-se dar soluções que não fossem exclusivas da linguagem Python, mas que alcançassem algoritmos aplicáveis às demais linguagens e aplicativos que usualmente são estudados nos cursos de Ciências Exatas.

1.2 Um pouco da história das linguagens de programação

Vivemos num mundo onde a computação é parte presente no dia a dia, seja nos nossos celulares, computadores pessoais, carros e inclusive máquinas de lavar roupa. Mas isso foi conseguido passo a passo. Os primeiros computadores eletrônicos foram o britânico Colossus[2] e os norte-americanos Mark I e ENIAC. Entretanto, a computação era uma tecnologia difícil de dominar baseada em códigos, seus programas eram escritos em linguagem de máquina, que eram, em resumo, uma sequência de números que representam operações nos computadores.

Graças aos esforços de uma mulher na década de 50, Grace Hopper, criou-se uma linguagem de programação, o FLOW-MATIC, próxima da linguagem natural, o que impulsionou enormemente o desenvolvimento de programas, sendo inclusive a origem do COBOL(*Commom Business Oriented Language*), linguagem dominante na área comercial por décadas. É da mesma época a criação de outra importante linguagem, o FORTRAN(*Formula Translator*), a primeira linguagem de programação de alto nível estruturada, presente ainda na computação científica atual.

Com o passar do tempo, cada vez mais as linguagens de programação se aproximavam da linguagem natural. Um exemplo marcante é a linguagem BASIC de 1964, criada por John G. Kemeny e Thomas E. Kurtz. Ela era intencionalmente "'menos técnica"' e foi projetada paraque estudantes escrevessem programas para mainframes. Dentro deste mesmo contexto, se encontra a linguagem Altair BASIC criada

[1]Neste livro será utilizada a versão 3.6.3
[2]Há um museu no Reino Unido dedicado a contar a história da computação: https:/bletchleypark.org.uk/

por Bill Gates e Paul Allen, fundadores da Microsoft. Eles criaram esta linguagem para pessoas comuns que utilizavam os primeiros computadores pessoais.

O Python encaixa-se neste contexto: simplicidade para o programador. Os autores deste livro possuem experiência em outras linguagens, mas podem lhe afirmar com certeza, que depois de aprender Python, dificilmente o leitor utilizará uma outra linguagem na elaboração de pequenos programas, pois a rapidez com que se elabora um programa em Python em comparação com outras linguagens tradicionais, como C/C++ ou Java, fará de Python a sua primeira escolha.

1.3 Programas Tradutores

A partir do momento que conseguimos a informação estruturada, podemos transcrever essa informação para o computador. Porém, o computador só entende o que chamamos de linguagem de máquina, escrito em numeração binária. A princípio, o computador só entende 0 ou 1.

Para facilitar a criação de programas de computadores foram criados os *programas tradutores*, que tem a finalidade de transformar os códigos escritos pelos programadores, em um código que o computador entenda. Mais especificamente, um tradutor transforma um código-fonte (ou programa-fonte) escrito em código em uma linguagem de mais alto nível (próxima da linguagem natural) em uma linguagem de mais baixo nível (linguagem do computador) código-executável.

1.3.1 Verificação de Erros

A primeira etapa de um programa tradutor é verificar a existência de erros e inconsistências. Basicamente, estes erros podem ser léxicos, sintáticos ou semânticos.

- Erros Léxicos: A Análise Léxica é a forma de verificar determinado alfabeto. Assim, pode-se verificar se algum símbolo existente não integra o alfabeto utilizado, e produzir uma sequência de símbolos (tokens), que podem ser manipulados mais facilmente por um leitor de saída (parser).

- Erros sintáticos: Os erros sintáticos caracterizam-se pela utilização errada ou desconhecida de um ou mais conjuntos de vocábulos.

Por exemplo:

- Parênteses que abrem e não fecham;

- Dois valores sem operador entre eles;

```
>>> valor= 2  3*5
SyntaxError: invalid syntax'
```

- Erros semânticos: Referem-se a operações que não fazem sentido para o tradutor.

1.3.2 Interpretadores

Os interpretadores leem e verificam um código-fonte e convertem para um programa executável instrução-a-instrução.

Vantagens: Depuração do programa é mais simples, consome menos memória, resultado imediato na rotina desenvolvida.

Desvantagens: Execução do programa é mais lenta, estruturas de dados são simples, necessário fornecer o programa-fonte ao utilizador.

1.3.3 Compiladores

É um tipo de tradutor que verifica e converte o programa-fonte em código-executável todo de uma vez.

Vantagens: Execução rápida, permite estruturas de programação mais completas, permite otimização do programa-fonte

Desvantagens: Várias etapas de tradução, maior consumo de memória, processo de correção de erros e depuração é mais demorado.

1.3.4 Híbridos

Combinam características dos Interpretadores e dos Compiladores.
O Python é um bom exemplo de um sistema híbrido.
Em resumo, durante o processo de compilação e execução do código, que ocorre quase que de forma oculta ao programador, podemos citar algumas etapas-chave:

- Compilação do código-fonte em código de byte: Nessa etapa o código-fonte, conteúdo do programa, é transformado em um código em linguagem de máquina e alocado em um local seguro do computador. Esses arquivos permanecerão salvos a fim de agilizar o processo de compilação (o próprio Python verifica se as datas de alteração do código-fonte e do código de bytes para saber se deverá ou não recompilar).

- Interpretação do código de bytes: Uma vez que o código de bytes tenha sido gerado, ele poderá ser interpretado etapa a etapa.

1.4 Sobre o Python

A linguagem Python foi concebida no final de 1989, por Guido van Rossum, contudo seu código só foi publicado em 1991, influenciada pela linguagem ABC, que visava o aprendizado e competia com as linguagens Basic e AWK, possuindo a vantagem de escrever bem menos em comparação a essas linguagens. Assim, surgiu a ideia da criação de uma linguagem que englobasse os elementos bem sucedidos na linguagem ABC, que eliminasse a declaração de variáveis e que usasse a indentação para delimitar seus blocos baseando-se no ALGOL.

O Python é uma **linguagem interpretada** licenciada como Software Livre e com uma vasta biblioteca de módulos igualmente livres e sem restrições para sua distribuição. A natureza flexível da linguagem de programação Python suporta diversas filosofias de programação, incluindo programação procedural, orientada a objetos e funcional.

1.5 Características da linguagem

- Conceitos fundamentais fáceis de compreender
- Possibilidade de download de bibliotecas de terceiros.
- Suporte à programação modular, funcional e à orientação a objeto.
- Para Python "tudo é objeto".

- Apesar de ser considerada linguagem interpretada, em Python existe a possibilidade de compilar seu código.
- Python é livre.
- Pode ser executado em qualquer plataforma.
- Python é case sensitive, ou seja, ele faz diferenciação entre letras maiúsculas e minúsculas.
- Possibilidade de integrar Python com outras linguagens.
- Possui tipagem dinâmica, ou seja, os tipos das variáveis são definidos pelo interpretador, sem a necessidade de o programador definir seu tipo previamente.
- A tipagem é forte, isso significa que a linguagem não converte tipos automaticamente, como ocorre em algumas linguagens.

1.6 Quem usa Python

Nasa, Google, Universidade de Maryland, Embratel, CPqD, Conectiva, Async, Sempro, Apple (MAC OS X), Microsoft (.NET) , Disney, Nokia, Atari, Yahoo!, Philips, Blender 3D, PostgreSQL, Inkscape entre outros.

1.7 Instalação do Python

1.7.1 no Linux

Inicialmente, verifique se já tem o Python instalado, se você usa GNU/Linux, provavelmente já possui alguma versão do Python instalada por padrão, para tanto digite em um terminal:

```
$ which python3
```

Deverá aparecer uma mensagem do tipo:

```
/usr/bin/python
```

Para instalar o Python 3.6, digite em um terminal:

```
$ sudo apt-get install python3.6
```

1.7.2 no iOS

A App Store da Apple disponibiliza para download uma versão paga do Python. O endereço é https://itunes.apple.com/br/app/python-3-3-para-ios/id577911279?mt=8. Outras versões não oficiais e gratuitas podem ser obtidas no site http://www.Python.org/download/

1.7.3 no Android

A computação móvel tem apresentado crescimentos significativos nos últimos tempos. Acompanhar as aulas digitando e executando os programas apresentados é uma boa alternativa para o aprendizado da linguagem. A versão QPython - Python for Android encontra-se disponível para download na Google Play onde poderá ser encontrada instruções para instalação em seu equipamento móvel. O endereço do Google Play é https://play.google.com/store/apps

1.7.4 no Windows 10

Faça o download do arquivo de instalação do Python na página da Internet: http://www.Python.org/download/ e selecione a opção para download do Python 3.6.3 ou outra que desejar. Dê um click duplo no arquivo baixado que ele irá instalar automaticamente. Não se esqueça de assinalar a opção Add Python 3.6 to PATH.
No exemplo abaixo foi utilizada a versão 3.6.3 (32 bit). A versão 64bits também poderá ser utilizada por usar os mesmos comandos.

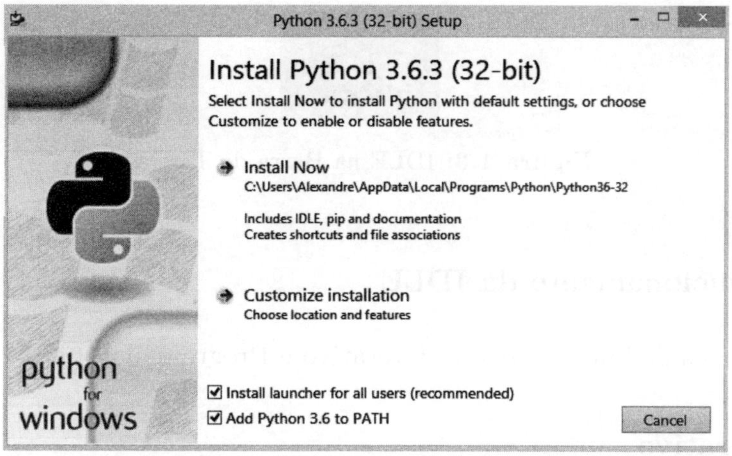

Figura 1.1: Selecionada versão 3.6.3

Na área Iniciar do Windows deverá aparecer os aplicativos recém-instalados

Figura 1.2: Aplicativos Python instalados

1.8 Ambiente de Desenvolvimento Integrado-IDE

Um Ambiente de Desenvolvimento Integrado - IDE do inglês *Integrated Development Enviromment* é um *software* cuja finalidade é auxiliar a codificação que possibilita que você escreva, teste e depure (identifique erros) em seu código de uma maneira mais fácil.

O site Python Brasil disponibiliza uma lista de IDEs gratuitas, pagas e editores de texto no endereço https://wiki.python.org.br/IdesPython. Além destas você poderá utilizar o Bloco de Notas ou outro editor que desejar.

1.9 O ambiente IDLE

Embora possamos selecionar várias IDEs, neste livro usaremos a IDLE por estar integrada ao Python, ser de fácil uso e aprendizado.
A instalação da IDLE é automática e no Windows 10 aparece no Menu Iniciar → Itens Adicionados Recentemente.
Voce poderá fixar a IDLE na barra de tarefas, bastando clicar com o botão da direita sobre IDLE e escolhendo a opção Fixar na barra de tarefas.

Figura 1.3: IDLE na Barra de Tarefas

1.10 Modos de Funcionamento da IDLE

A IDLE possui dois modos de funcionamento: Interativo e Programado:

1.10.1 Modo Interativo

Neste módulo os comandos digitados seguidos de [ENTER] serão executados imediatamente possibilitando que o Python possa ser usado como se fosse uma calculadora.
A figura a seguir mostra a tela interativa do IDLE

Lembre-se que o Python usa o ponto para separar a parte inteira de um número da parte fracionária, seguindo o padrão americano de formatação numérica.

1.10.2 Modo Programado

Para usar o Python no modo programado, selecione File → New File que abrirá um bloco de notas para digitar e executar os programas.
Na janela que se segue os comandos poderão ser:

- Digitados;
- Salvos – Atenção! Antes de executar o programa é necessário salvá-lo.
- Executar o programa pressionando F5 ou selecionando Run Module.

Por exemplo:
Após pressionar F5 e se o arquivo ainda não foi salvo, a IDLE irá solicitar que ele seja gravado:

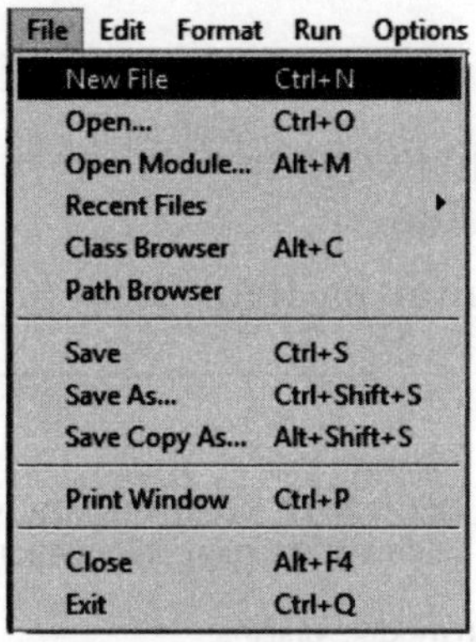

Figura 1.4: Criação de arquivo para digitar um programa

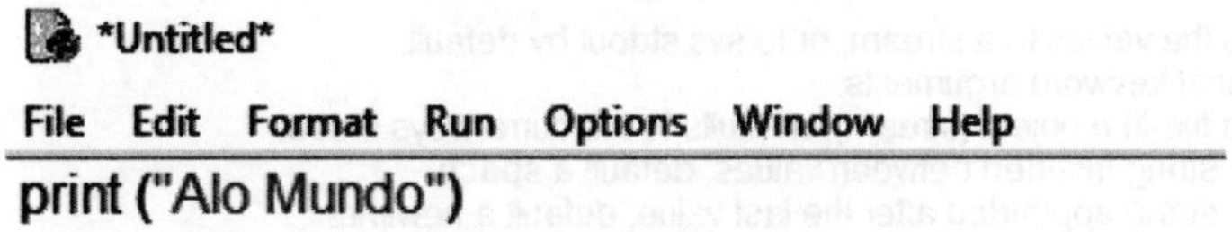

Figura 1.5: Exemplo de comandos em um programa

Figura 1.6: Mensagem para gravar o programa

Salve o programa mas não se esqueça de colocar a extensão py, pois o Python não faz isto automaticamente. O resultado da execução deste programa é:

Figura 1.7: Resultado do programa

1.11 Ajuda (Help Modules)

O Python possui diversos módulos de ajuda que podem ser acessados, contendo uma breve descrição e comandos relacionados àquilo que foi pedido.

Para acessar um help module deve-se digitar na IDLE help (argumento).

```
Python 3.6.3 Shell
File  Edit  Shell  Debug  Options  Window  Help
Python 3.6.3 (v3.6.3:2c5fed8, Oct  3 2017, 17:26:49) [MSC v.1900 32 bit (Intel)] on win32
Type "copyright", "credits" or "license()" for more information.
>>> help(print)
Help on built-in function print in module builtins:

print(...)
    print(value, ..., sep=' ', end='\n', file=sys.stdout, flush=False)

    Prints the values to a stream, or to sys.stdout by default.
    Optional keyword arguments:
    file:  a file-like object (stream); defaults to the current sys.stdout.
    sep:   string inserted between values, default a space.
    end:   string appended after the last value, default a newline.
    flush: whether to forcibly flush the stream.
```

Figura 1.8: Ajuda com o comando print

Capítulo 2

Primeiros Passos

2.1 A obtenção da Informação

A informação tem sua origem na realidade que nos cerca. A partir desta realidade pode-se realizar uma abstração gerando o conhecimento.

O conhecimento de um objeto existente no mundo real é constituído por um conceito que reflete seu tipo e um termo. O termo é o que nos permite comunicar a ideia e processamento de dados é denominado valor. Um termo ou valor pode ter várias representações, conforme mostra a figura 1 a seguir:

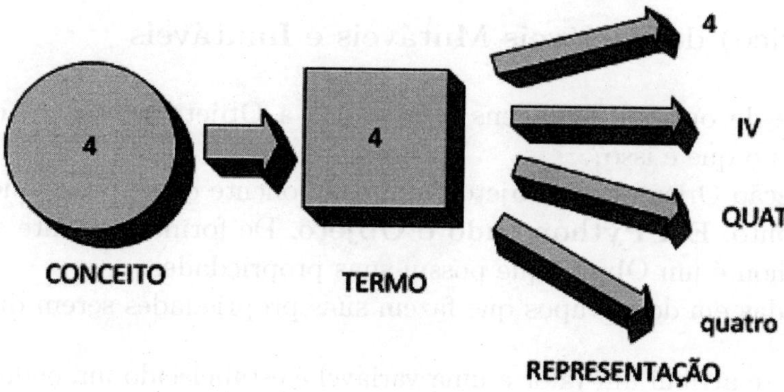

Figura 2.1: Representações

A informação, conceito ou termo existe no mundo lógico, enquanto o que denominamos dados existe no mundo físico. A partir da representação a informação poderá ser obtida por uma operação de interpretação. Cada tipo de dado tem sua natureza, por exemplo 4, é um número inteiro, quatro é um literal.

Pode-se perceber que existem dois grandes grupos de informações: o primeiro trata de informação estruturada como, por exemplo, os dados pessoais de um grupo de pessoas ou mesmo uma pesquisa no Google; o segundo grupo trata de informações não estruturadas como, por exemplo, a Web Semântica[1] que trata da integração de recursos computacionais e humanos para ajudar na descoberta e no uso dos recursos da web.

Neste livro iremos utilizar informações estruturadas. Inicialmente deve-se distinguir a informação inicial da informação estruturada.

Para que uma informação seja processada é necessário um processo prévio de entendimento e modelagem do problema cuja sequência de operações pode ser observada na figura

[1]ver www.w3c.br > Padrões

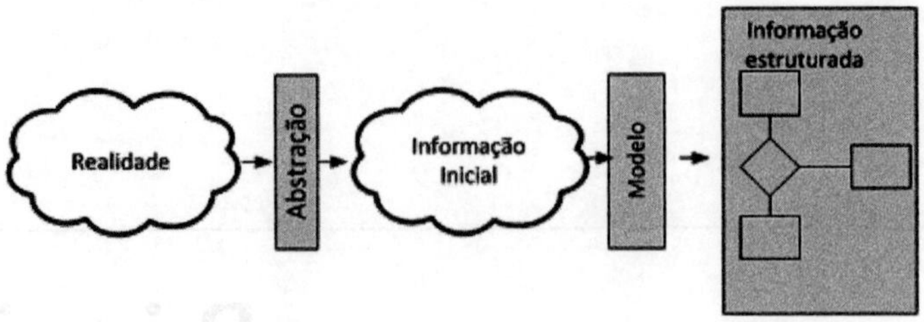

Figura 2.2: Etapas da Modelagem das informações

2.2 Conceitos Básicos de Variáveis

O conceito de variável é bastante antigo e foi inicialmente concebido para a máquina de Von Neumann. Nela uma variável (ou identificador) ocupa uma posição de memória e seu valor outra. Um ponteiro faz a ligação entre as duas. Basicamente uma associação entre um nome e um valor.
Cada tipo de valor ocupa uma quantidade diferente de bytes chamada palavra (word) na memória do computador possuindo também estrutura diferente dos bits que compõem a palavra. Por esta razão, muitas linguagens estabelecem a definição no início do programa dos tipos das variáveis.
Python não necessita da definição inicial das variáveis por ser de *tipagem dinâmica* o que quer dizer: o tipo de variável é o tipo de dado atribuído a ela em cada momento considerado.

2.3 O conceito (básico) de Variáveis Mutáveis e Imutáveis

A literatura de Python e de outras linguagens Orientadas a Objeto apresenta conceitos de Objetos mutáveis e imutáveis. Mas o que é isso?
Um Objeto, em Programação Orientada a Objeto é um componente de software que possui propriedades e métodos de funcionamento. **Em Python tudo é Objeto**. De forma bastante simples pode-se dizer que uma variável em Python é um Objeto que possui suas propriedades.
As variáveis são classificadas em dois grupos que fazem suas propriedades serem diferentes:

- **Imutáveis** Quando se atribui um valor a uma variável é estabelecido um endereço na memória para o nome da variável e outro para seu valor. O ponteiro faz a ligação entre os dois. Quando se deseja alterar o valor da variável, uma nova posição de memória é utilizada pelo novo valor e o ponteiro é reconstruído para este novo endereço. Posteriormente o 'coletor de lixo' *garbage collector* remove da memória os valores não referenciados. As variáveis primitivas simples em Python (inteiro, real, string etc.) são Imutáveis.

- **Mutáveis** A diferença para os Imutáveis é que o ponteiro aponta sempre para o mesmo endereço, mesmo quando se altera o endereço da variável.

A importância desta diferença será vista no Capítulo Funções na passagem de parâmetros.

2.4 Nomes de Variáveis ou Identificadores

Nomes de variáveis são a livre escolha do programador, mas observe que você deverá se referenciar a elas no desenvolvimento de seu programa. O uso de nomes que lembrem o significado da variável é sempre recomendado. Por exemplo, a variável idade para armazenar as idades da pessoas. Por outro lado, nomes muito longos induzem ao erro na hora de se referenciar ou nomes muito curtos como I ou O podem se confundir com o valor 1 ou 0. Seja atento para não utilizar nomes de variáveis que possam induzir ao preconceito de qualquer espécie ou ofender às pessoas.

2.4.1 Características dos nomes das variáveis

A seguir apresentamos algumas características para construção dos nomes das variáveis:

- O Python é "Case Sensitive" isto significa que letras maiúsculas são diferentes de minúsculas. Dessa forma, podemos criar diversos identificadores com a mesma letra alternando somente a caixa e todos eles serão tratados como coisas diferentes;
- Podem ter qualquer quantidade de caracteres;
- Podem ter **letras e números** ou **underscore** (sublinhado _);
- **Não** podem ter **espaços em branco** ou **caracteres especiais**, Ex: ()*&%$#!+-=/?
- **Iniciam** sempre por uma **letra**;
- **Não** podem ser uma **palavra reservada**.

Exemplos de variáveis válidas: Idade, alfa23, ano_de_nascimento, Nome_do_ Aluno
Exemplos de variáveis NÃO válidas: Ano de nascimento, alfa*15, r&10

2.4.2 Palavras reservadas

False	None	True	and	as
assert	break	class	continue	def
del	elif	else	except	finally
for	from	global	if	import
in	is	lambda	nonlocal	not
or	pass	return	try	while
with	yield	raise		

2.5 Comandos de Atribuição

Um comando de atribuição é sempre do tipo **variável = expressão**

O símbolo = significa **atribua** e tem sentido diferente do = (igual) da matemática. Em outras palavras: faça os cálculos do lado direito do sinal = e depois armazene o resultado na variável.
Observe o exemplo:

```
>>> a=5
>>> nome='uerj'
>>> a,b=2,3
```

Observe que o inverso irá produzir erro.

```
>>> 5=a
SyntaxError: can't assign to literal
```

2.6 Linhas

Um programa em Python é dividido em linhas lógicas que podem ser compostas de uma ou mais linhas físicas. Uma linha lógica não pode ultrapassar uma linha física com exceção de dois casos especiais:

Colocando-se \ no final da linha. Por exemplo:

```
>>> jan=1
>>> fev=2
>>> mar=3
>>> abr=4
>>> total=jan+fev+\
mar+abr
>>> total
10
```

Ou quando ocorre o ajuntamento implícito de linhas dentro de expressões delimitadas por colchetes [], parênteses () ou chaves, como no exemplo abaixo.

```
>>> meses = ['jan', 'fev', 'mar',
'abr', 'mai', 'jun', 'jul',
'ago', 'set', 'out', 'nov', 'dez']
```

2.7 Múltiplas declarações em uma linha

Podem-se fazer múltiplas declarações em uma única linha desde que separadas por ponto e vírgula. Observe o exemplo:

```
a = 10; b = 20; c = 'multiplos comandos'
>>> a
10
>>> b
20
>>> c
'multiplos comandos'
```

2.8 Indentação

A estrutura da linguagem Python utiliza a indentação para a delimitação de blocos de comandos. A indentação nada mais é que o alinhamento à direita de um conjunto de comandos. Os comandos podem ser agrupados em diferentes níveis de indentação formando vários blocos. O uso da barra de espaço juntamente com a tecla tab irá produzir erro. Deve-se optar por uma das duas durante a elaboração do programa. Exemplificando o que é indentação:

```
# exemplo de indentação
# if equivale a se (comparação)
a=2
b=3
if a > b :
    a=a+2
    print(a)
```

```
else:
    b=b+2
    print(b)
```

2.9 Comentários

Os comentários são usados para dar mais clareza aos programas. Todo comentário é ignorado pelo compilador da linguagem. Seu uso é muito recomendado para facilitar o entendimento do programa, especialmente quando outros programadores tiverem que entender o código.

Os comentários em Python são precedidos do caractere hash #. Por exemplo:

```
>>> #isto é um comentário
>>> 2 + 2
4
>>> 2 + 3 #isto é um comentário na linha de comando
5
```

2.10 Documentação (Docstring)

Docstrings são tipos especiais de comentários utilizados para documentação de programas, funções ou classes. Indica-se um doctstring dentro de um programa por aspas triplas sendo que, a principal diferença entre os docstrings e os comentários não se dá somente na parte estética, com esse recurso o usuário pode acessar todos os textos docstring através do modulo help. Não se deve usar caracteres especiais no docstring.

```
'''isso
é uma doc string
voce pode escrever como quiser ate terminar a declaracao'''
```

Capítulo 3

Tipos Primitivos de Dados

Os tipos de dados estão diretamente relacionados com a natureza da informação e da maneira pela qual o computador manipula as informações.

Neste capítulo trataremos dos tipos nativos caracterizados por já estarem inclusos no núcleo da linguagem Python.

O Python utiliza a **tipagem dinâmica**, o que significa que o próprio programa define os tipos das variáveis conforme seu uso sem a necessidade do programador declarar previamente. Os tipos primitivos de dados podem ser simples ou estruturados.

3.1 Tipos Primitivos de Dados

Os tipos de dados primitivos são:

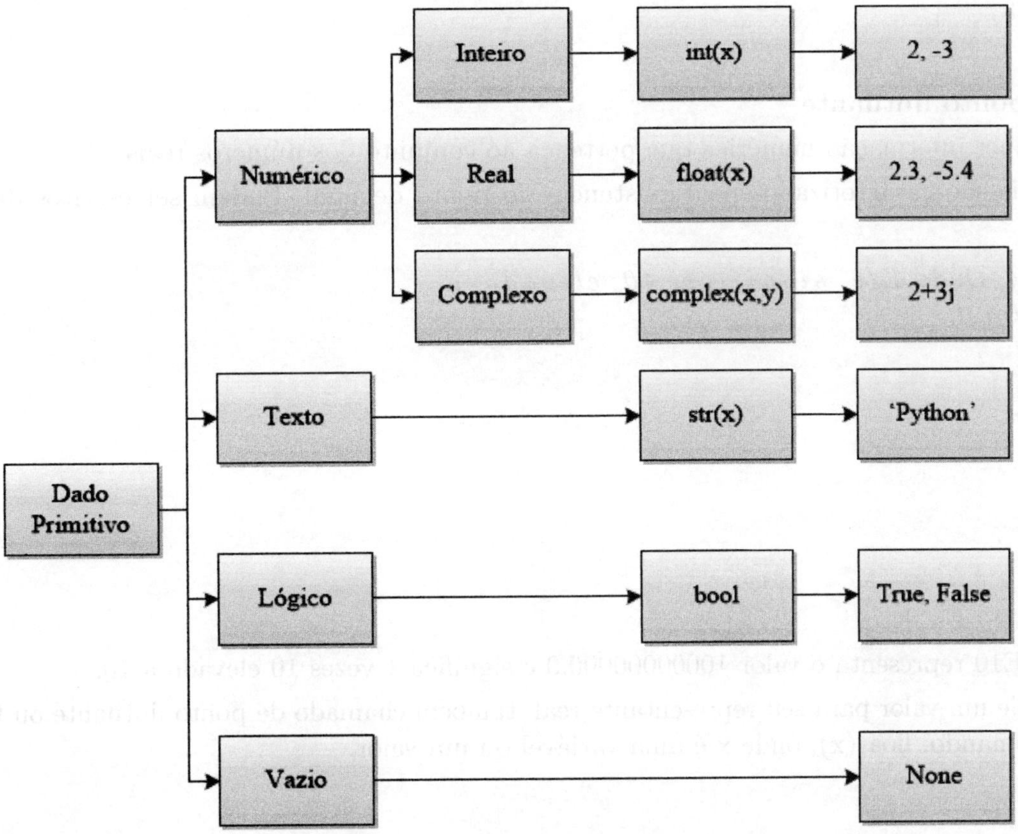

Figura 3.1: Tipos de Dados Simples

3.1.1 Numéricos

Os dados numéricos são os números de forma geral.
Podem ser:

•Inteiro

Uma característica interessante em Python é que o tamanho do tipo inteiro não é limitado pelo sistema operacional ou compilador da linguagem. O tamanho do número pode ser tão grande quanto a capacidade da memória do computador. Veja o seguinte código:

```
>>> a = 2
>>> type(a)
<class 'int'>
>>> b = 2**200
>>> b
1606938044258990275541962092341162602522202993782792835301376
>>> type(b)
<class 'int'>
>>> # Para ver quantos bits tem b
>>> b.bit_length()
201
```

A conversão de um valor para seu representante inteiro é feita através do comando: int(x), onde x é uma variável ou um valor.

```
>>> a=3.7
>>> int(a)
3
```

•Reais ou ponto flutuante

Toda e qualquer informação numérica que pertença ao conjunto dos números reais.

Os tipos reais são caracterizados pela existência do ponto decimal. Podem ser escritos das seguintes formas:

```
>>> 1E10 # Onde E/e significa 10 elevado a
10000000000.0
>>> 2e2
200.0
>>> 4.2e-5
4.2e-05
>>> 1.5
1.5
>>> -29.5
-29.5
```

O exemplo 1E10 representa o valor 10000000000.0 e significa 1 vezes 10 elevado a 10.

A conversão de um valor para seu representante real, também chamado de ponto flutuante ou float, é feita através do comando: float(x), onde x é uma variável ou um valor.

Por exemplo:

```
>>> c=3
>>>float(c)
```

```
3.0
```

•Complexos ou números imaginários

São descritos por dois valores reais, a parte real e a parte imaginária na forma (real +imag j). Neste caso, o número i ($\sqrt{-1}$) é designado pela letra j.

Por exemplo: (2+3j)

Para se extrair uma parte de um número complexo use: a.real ou a.imag. Veja o código a seguir.

```
>>> a=2+3j
>>> a.real
2.0
>>> a.imag
3.0
>>> a=2
>>> b=3
>>> c=complex(a,b)
>>> c
(2+3j)
```

3.1.2 Lógicos (ou Booleanos)

Os valores lógicos se resumem a dois resultados:

•False

É tudo aquilo que corresponde ao valor 0 na memória[1].

•True

Tudo aquilo que não for **False**

•Conversão para dados lógicos

O comando bool(x) converte um dado para lógico

Por exemplo:

```
>>> a=1
>>> b=0
>>> bool(a)
True
>>> bool(b)
False
```

3.1.3 Texto (ou string)

Textos são valores alfanuméricos (também chamados de literais ou string) do tipo imutável do Python e que possuem noção de ordenação. São constituídos de caracteres e declarados entre apóstrofos ou aspas. Observe que se o texto iniciou com aspas ele deve terminar também com aspas, idem para apóstrofo.

Os dados literais denotam um conjunto de caracteres da tabela ASCII (ou UNICODE), ou seja:

- As letras maiúsculas e minúsculas;

[1]Isto é aplicado a qualquer tipo de dados, sejam listas, strings, dicionários vazios ou até mesmo o 0.

- Os dígitos de 0 a 9;
- Os caracteres especiais, como os de pontuação, de operação etc.;
- Os caracteres de controle e que não são imprimíveis.

Por exemplo:

```
>>> a = "este e um exemplo"
>>> a
'este e um exemplo'
```

A conversão de um valor para literal é feita através do comando str(x), onde x é um valor ou uma variável relacionada a um valor imprimível.
Por exemplo:

```
>>> a = 3.5
>>> b = str(a)
>>> b
'3.5'
```

3.1.4 Vazio

Este tipo de dado é representado pelo valor None e não representa nada e não aceita operações comuns.
Atenção: A letra **N** de None é maiúscula!!!

```
>>> a=None

# observe que não é possível fazer uma operação com None

>>> a*3
Traceback (most recent call last):
File "<pyshell#5>", line 1, in <module>
a*3
TypeError: unsupported operand type(s)
for *: 'NoneType' and 'int'
```

3.2 Tipos Estruturados de Dados

Os tipos estruturados de dados também chamados de compostos são aqueles constituídos de um agrupamento, **ordenado ou não**, dos tipos primitivos de dados. São eles: listas, conjuntos, tuplas e dicionários. Este dados serão apresentados em detalhes nos capítulos seguintes, mas segue a descrição sumária de cada um.

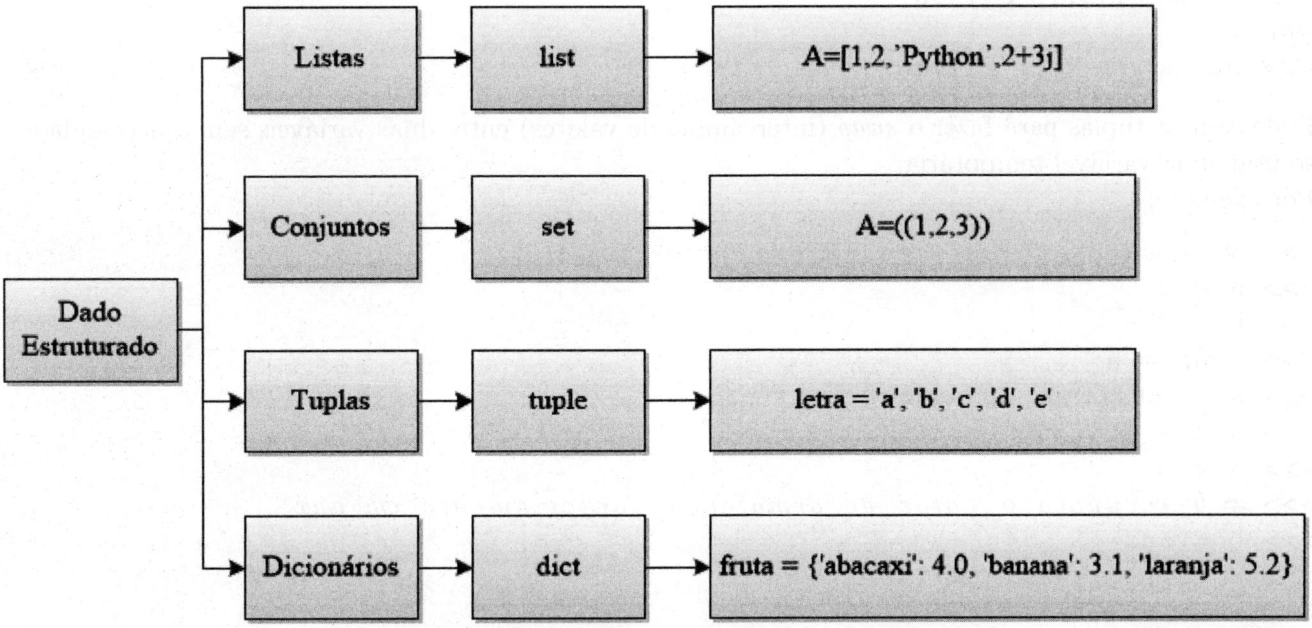

Figura 3.2: Tipos Estruturados de Dados

3.2.1 Listas

Uma lista (ou list) é um conjunto ordenado de valores, onde cada valor é identificado por um índice. Os valores que compõem uma lista são chamados elementos. Nas listas os elementos podem ser valores de quaisquer natureza, repetidos ou não e, não necessariamente homogêneos. Os elementos são separados por virgula e com chaves [ ] colocadas no inicio e no final da lista. Uma lista é um objeto mutável .

```
notas=[1,2,3,'uerj']
```

3.2.2 Conjuntos

Um conjunto (ou set) é um conjunto ordenado de valores **sem valores repetidos** de forma similar às listas. Os valores que compõem um conjunto podem ser de qualquer natureza, porém deve-se ter atenção que ao converter uma lista em conjunto pode-se alterar a ordem dos elementos.

```
>>> a=[1,2,3,2,'uerj']
>>> a
[1, 2, 3, 2, 'uerj']
>>> b=set(a)
>>> b
set([1, 2, 3, 'uerj'])
```

3.2.3 Tuplas

Uma tupla (ou tuple) é um conjunto ordenado de valores de forma similar à lista, porém diferencia desta por ser um objeto **imutável**. Em uma tupla, os elementos são separados por vírgula e não possuem qualquer símbolo no início e no fim. Embora não seja necessário, é usual colocar parênteses () no início e no final.

```
>>> notas=1,2,3,"Python"
#ou
>>> notas=(1,2,3,"Python")
```

Pode-se usar tuplas para fazer o *swap* (intercâmbio de valores) entre duas variáveis sem a necessidade de se usar uma variável temporária.
Por exemplo:

```
>>> # troca de dados pelo metodo tradicional
>>> a = 2
>>> b = 3
>>> temp = a
>>> # Necessario para fazer a troca
>>> aux = a
>>> a = b
>>> # b recupera o valor de armazenado anteriomente em aux
>>> b = aux
>>> a
3
>>> b
2
>>> # Atribuicao direta
>>> a, b = 2, 3
>>> a
2
>>> b
3
>>> # nao e necessario variavel auxiliar
>>> a, b = b, a
>>> a
3
>>> b
2
```

3.2.4 Dicionários

Dicionários são um conjunto ordenado de pares de valores. Os elementos de um dicionário aparecem em uma lista separada por vírgulas e com colchetes { } no início e no final do dicionário. Cada entrada contém um índice e um valor separado por dois-pontos (:). Em um dicionário, os índices são chamados de chaves, então os elementos são chamados de pares chave-valor.

```
>>> dic = {"joao":100,"maria":150}
```

Capítulo 4

Entrada e Saída

4.1 Considerações iniciais

Os comandos de Entrada e Saída são usados respectivamente para receber dados do usuário e mostrar dados para o usuário. A Linguagem Python dispõe de inúmeras formas de Entrada e Saída. Neste capítulo apresentaremos apenas uma forma de Entrada e as principais de Saída com o objetivo de facilitar o aprendizado. Você poderá obter maiores informações no endereço https://docs.python.org/3/whatsnew/3.6.html.

4.2 Comandos de Entrada

- A versão 3.6.x do Python utiliza o comando **input** para entrada de dados pelo teclado:

  Variável = input('mensagem') Neste comando tudo é recebido como texto (ou 'string'). Desse modo, caso o usuário queira receber um número é necessário transformar de texto para número (int ou float).

  Exemplo

- Ler três valores, sendo um inteiro, outro real e outro alfanumérico.

```
a=int(input('Digite um valor inteiro: '))
b=float(input('Digite um valor real: '))
nome=input('Digite um nome ')
```

Observe que foi necessária a conversão do tipo 'string' para inteiro e real para a leitura de a e de b. Para a leitura de nome não foi necessário pois já era string. Observe a execução do programa acima no modo interativo.

```
>>> a = int(input('Digite um numero: '))
 #dado convertido para numerico inteiro
Digite um numero: 2
>>> a = float(input('Digite um numero: '))
 #dado convertido para numerico real
Digite um numero: 2.5
>>> a
2.5
>>> nome = input('Digite o nome: ')
Digite o nome: python
>>> nome
python
```

Os comandos de entrada também podem ser utilizados para aguardar uma ação do usuário como podemos perceber no exemplo a seguir:

```
>>> input("pressione qualquer tecla..." )
pressione qualquer tecla...
```

4.3 Comandos de Saída - print

O comando **print()** é a principal saída do Python. Cada vez que o comando print é executado, uma nova linha é impressa, exceto se for adicionado o comando end=.

A saída não formatada é a forma mais simples, porém de menor *elegância*. No comando print os elementos - quais sejam: variáveis e mensagens- são separados por vírgula e com parêntesis () colocados no início e no final da lista de elementos. Na impressão estes valores aparecem separados por espaços em branco.

A impressão de alguma mensagem na tela é indicada da seguinte forma:

print ("mensagem", variável1, ..., variaveln, "mensagem2", variável, ..., "mensagem",sep= ,end=)

Exemplo:

```
>>> nota1 = 7.5
>>> nota2 = 8.5
>>> nome = 'Antonio'
>>> print ('O aluno', nome, 'teve notas', nota1, nota2)
O aluno Antonio teve notas 7.5 8.5
```

Podem-se concatenar várias mensagens tipo texto usando o operador +. Por exemplo:

```
>>> nota1 = 7.5
>>> nota2 = 8.5
>>> nome = 'Antonio'
>>> print ('O aluno', nome, 'P1 ' + str(nota1), 'P2 ' + str(nota2))
O aluno Antonio P1 7.5 P2 8.5
```

Observe que a nota (variável real) foi transformada em string para poder ser concatenada com a mensagem.

Pode-se alterar o separador usando o parâmetro "sep".

```
>>> a=123
>>> b=75.67
>>> print(a,b,a+b)
123 75.67 198.67000000000002
>>> print(a,b,a+b,sep=", ")
123, 75.67, 198.67000000000002
```

Observe que a+b aparece com resultado com uma grande quantidade de casas decimais e com um erro na última casa.

Pode-se manter a impressão na mesma linha usando o parâmetro end.

```
print ("Ola ",end="")
print ("mundo" )
```

Irá produzir a seguinte saída:

```
Ola mundo
```

4.4 Formatação de string

Para formatar uma string pode-se utilizar os seguintes métodos:

4.4.1 Método rjust

O método rjust(x) aplicado a uma string pode ser utilizado para formatação da saída, uma vez que este define o espaçamento que será dado à direita de um caractere. Observe o exemplo:

```
x = "***"
print("12345678901234567890");
# Nao se esqueca que ha um espaco separando as strings
print(str(x).rjust(4), str(x).rjust(5), str(x).rjust(6))
```

A saída deste código será

```
12345678901234567890
 ***   ***    ***
```

Esse método pode ser chamado de forma implícita em tratamentos de declarações posteriores como podemos perceber no exemplo abaixo:

```
x='***'
print("12345678901234567890");
# Ao invés dos espaços, as string são separadas por virgula
print('%4s,%5s,%6s' % (x, x, x))
```

A saída deste código será

```
12345678901234567890
 ***,  ***,   ***
```

4.4.2 O Método ljust

O método ljust(x) é outro que pode ser utilizado para formatação da saída, uma vez que este define o espaçamento que será dado à esquerda de um caractere.

```
x = "***"
print("12345678901234567890");
print("   |    |     |")
print(str(x).rjust(4), str(x).rjust(5), str(x).rjust(6), "rjust")
print(str(x).ljust(4), str(x).ljust(5), str(x).ljust(6), "ljust")
print("   |    |     |")
```

A saída deste código será:

```
12345678901234567890
    |    |     |
 ***   ***    *** rjust
***  ***   ***    ljust
    |    |     |
```

4.4.3 O Método center

Para utilizá-lo deve-se passar como parâmetro obrigatório o tamanho do bloco que ele deverá ser centralizado e como parâmetro opcional com qual caractere será feito o espaçamento.

```
>>> 'erro'.center(20)
'        erro        '
>>> 'erro'.center(20,'*')
'********erro********'
```

4.4.4 Saída formatada com %

O objetivo do operador % é sobrescrever uma string permitindo a sua formatação a partir da interpolação dos diversos elementos, pois permite conjugar em uma mesma string valores inteiros, reais etc. Este operador % é também chamado de *modulo string* ou *operador modulus.*

O exemplo a seguir mostra como este estilo funciona:

```
>>> print ("%1s tem %2d anos e recebe  R$ %5.2f de\
 mesada" % ('José',18,937.))
José tem 18 anos e recebe  R$ 937.00 de mesada
```

Do lado esquerdo tem-se o *format string*, ou seja, a string que será interpolada e do lado direito os argumentos que serão interpolados. Os valores podem ser literais, números inteiros ou reais, expressões matemáticas ou ainda nomes de variáveis
No caso acima temos três formatos: %1s, %2d e %5.2f.

%1s Indica que o valor é uma string e cujo tamanho é 1 caracter. No nosso caso a palavra José é maior e a frase a ser impressa se ajustará automaticamente;

%2d Indica que o valor é um número inteiro e cujo espaço a ser reservado para a impressão é de 2 caracteres;

%5.2f Indica que o valor é um número real e cujo espaço a ser reservado para a impressão é de 5 caracteres com 2 casas decimais;

4.4.5 Método *Pythonico*

Este método é considerado como o *método pythonico*, uma vez que possibilita um maior controle sobre a aparência dos valores impressos e uma melhor legibilidade do código sendo introduzido a partir da versão 2.6. É importante ressaltar que a formatação não altera o valor das variáveis, mas apenas sua aparência.

Declara-se da seguinte forma:

print(' mensagem posição:tamanho.decimais formato'.format(argumentos))

O *template* ou *format string* é uma string que contém um ou mais códigos de formatos (campos a serem substituídos) integrante do texto a ser impresso. Os campos a serem substituídos são envolvidos em {}. Estes códigos irão substituir os argumentos com um valor formatado. As demais mensagens fora do {}serão impressas da forma como aparecem.

Os códigos de formato são os mesmos do método anterior e, de forma resumida, podem ser:

- Números inteiros: *tamanho do campo* d
- Números reais: *tamanho do campo.numero de decimais* f
- string: *tamanho do campo* s

Exemplificando:

- Se indicarmos {0:2d} significa que este código refere-se ao primeiro argumento, que ele terá dois espaços e que é um número inteiro. Se o valor tiver mais que dois caracteres, serão usados tantos espaços quanto os necessários sem mensagem de erro.

- Se indicarmos {:5.2f} significa que se refere ao argumento na ordem, que ele ocupará 5 espaços na impressão e que tem duas casas decimais.

- Se indicarmos {:1s} significa que o argumento é *string* e que ocupa apenas uma casa, mas que no caso de ser maior irá ocupar o tamanho necessário, sem a ocorrência de mensagem de erro.

Exitem três formas para nos referirmos aos argumentos:

- Por sua posição na lista de argumentos, iniciando pela posição zero etc.. Por exemplo:

```
>>> print('Tenho {0:2d} anos e recebo R$ {1:5.2f} de mesada'. \
format(18,937.))
Tenho 18 anos e recebo R$ 937.00 de mesada
```

  Neste caso observe que no primeiro formato {0:2d} o valor 0 está associado ao primeiro argumento e {1:5.2f} o valor 1 está associado ao segundo argumento.
  Este recurso permite que se acesse os argumentos em diferentes ordens:

```
>>> print ('Tenho {1} anos e recebo R$ {0} de  mesada'. \
format(1756.50,25))
Tenho 25 anos e recebo R$ 1756.5 de  mesada
```

  Neste caso foi indicada a ordem de exibição mas não a formatação do argumento. Se o código da posição do argumento não for especificado, é presumido que será sequencial.

- Pelo nome do argumento. Por exemplo:

```
>>> print ('Tenho {idade} anos e recebo R$ {mesada} de mesada'.\
format(idade=18,mesada=937))
Tenho 18 anos e recebo R$ 937 de mesada
```

- Combinadas as duas opções anteriores. Por exemplo:

```
>>> print ('Tenho {idade:2d} anos e recebo R$ {mesada:5.2f} \
de mesada '. format(idade=18,mesada=937.))
Tenho 18 anos e recebo R$ 937.00 de mesada
```

4.4.6 Outras formas de formatação de strings

É possível alinhar os resultados usando alguns operadores. A seguir apresentamos os principais operadores:

- < Alinhamento à esquerda dentro do campo. É o alinhamento padrão.

```
>>> print ("O valor é {:<10.2f}".format(345.67))
O valor é 345.67
```

- > Alinhamento à direita dentro do campo.

```
>>> print ("O valor é {:>10.2f}".format(345.67))
O valor é     345.67
```

- ∧ Alinhamento ao centro dentro do campo.

```
>>> print ("O valor é {:^10.2f}".format(345.67))
        O valor é   345.67
```

- Pode-se colocar um símbolo no formato.

```
>>> print ('{:*^30}'.format('erro'))
*************erro*************
```

- , Usa-se a vírgula como separador de milhares, comumente utilizado nos países de língua inglesa.

```
>>> x=789654
>>> print("O valor é {:,}".format(x))
O valor é 789,654
```

4.5 Alinhamento

Outra forma de alinhar a exibição é utilizar os seguintes operadores junto ao formato dos valores:

1. > alinha pela esquerda
2. < alinha pela direita
3. ∧ centraliza
4. Se colocarmos um símbolo antes do formato, o campo será preenchido com este símbolo
5. Se colocarmos uma vírgula, no formato numérico, o número será separado pelos milhares com a vírgula

Veja o exemplo a seguir

```
print ('{:<40s}'.format('alinhamento esquerda'))
print ('{:>40s}'.format('alinhamento direita'))
print ('{:^40s}'.format('centro'))
print ('{:*^40s}'.format('centro com *'))
val=123456.78
print ('Valor com separadores {:,}'.format(val))
```

Irá produzir o seguinte resultado:

```
alinhamento esquerda
                              alinhamento direita
                    centro
*************centro com **************
Valor com separadores 123,456.78
```

4.6 Alterar a ordem de exibição das variáveis

Pode-se alterar a ordem de exibição das variáveis:

```
a=10
b=20.3
print ('b={1}        a={0}'.format(a,b))
```

Irá produzir o seguinte resultado:

```
b=20.3      a=10
```

4.7 Caracteres não imprimíveis:

1. \n: muda de linha
2. \t: tabula
3. O comando print(x, end=) adiciona um espaço ao invés de uma nova linha

Veja os exemplos:

```
a=10
b=20.3
print ('b={1}     \n a={0}'.format(a,b))
```

Irá produzir o seguinte resultado:

```
b=20.3
a=10
```

Observe que agora cada valor aparece em uma linha.

Por outro lado,

```
a=10
b=20.3
print ('{:2d}'.format(a), end= ' '),
print ('{:10.2f}'.format(b))
```

```
10      20.30
```

Acessando pelo nome:

```
>>> print ('Meu nome é {nome}'.format(nome = 'Roberto'))
Meu nome é Roberto
```

4.8 Exercícios resolvidos

1. Escreva um programa em Python que leia dois valores e imprima o valor de a/b com duas casas decimais. Exemplo 10/3 = 3.33

```
a=float(input('Digite o primeiro valor: '))
b=float(input('Digite o segundo valor: '))
m=a/b
print ('O cálculo de  a/b = {:10.2f}'.format(m))
```

Irá produzir o seguinte resultado:

```
Digite o primeiro valor: 10
Digite o segundo valor: 3
O cálculo de  a/b =       3.33
```

Observe que o valor da resposta 3.33 está alinhado 10 posições à direita do sinal = e tem duas casas decimais.

2. Leia o nome e a idade de uma pessoa. Imprima os valores lidos com mensagens explicativas.

```
nome=input('Digite o nome: ')
idade=int(input('Digite a idade: '))
print ('{:20s} tem {:2d} anos de idade '.format(nome,idade))
```

Irá produzir a seguinte saída:

```
Digite o nome: José
Digite a idade: 19
José                 tem 19 anos de idade
```

Observe que existe um espaço grande entre o nome e a idade.

Podemos colocar um espaço menor para tornar a exibição mais agradável.

```
nome=input('Digite o nome: ')
idade=int(input('Digite a idade: '))
print ( '{:1s} tem {:2d} anos de idade '. \
format(nome,idade))
```

Irá produzir a seguinte saída:

```
Digite o nome: jose da silva xavier
Digite a idade: 19
jose da silva xavier tem 19 anos de idade
```

4.9 Para Saber Mais

Consulte o endereço https://pyformat.info/ para saber mais.

Capítulo 5

Expressões Aritméticas

5.1 Introdução

A exemplo das expressões matemáticas usuais, as expressões aritméticas em Python são codificadas a partir de operadores e funções previamente elaboradas aplicadas a um conjunto de operações elementares. São usados para o desenvolvimento de operações aritméticas e cálculos matemáticos, em geral. São escritos linearmente usando a notação matemática.

5.2 Operadores

Uma expressão aritmética é sempre do tipo **variável=expressão**. Em outras palavras, diz para o computador realizar os cálculos na expressão da direita e depois atribuir a variável da esquerda. O sinal de igualdade tem sentido diferente da matemática pois representa a expressão *atribua*.

Para agrupar as expressões usa-se unicamente parênteses ().

Somente é possível aplicar operadores matemáticos a expressões matemáticas. Pode-se converter uma expressão para valor inteiro usando o operador int(valor) ou para real usando o operador float(valor).

Os operadores são:

Operação	Operando	Exemplo	Resultado
atribuição	=	a=2	2
soma	+	2+3	5
subtração	-	5-3	2
multiplicação	*	2*3	6
divisão	/	11/2	5.5
exponenciação	**	3**2	9
divisão inteira	//	11//2	5
resto da divisão	%	10%2	0

Por exemplo:

```
>>> a=10 #atribui o valor 10 a variavel a
>>> a=a+1 # adiciona o valor 1 a variavel a e volta a armazenar em a
>>> a
11
```

Python possui um recurso para escrever este último tipo de expressão:

```
>>> a+=1
>>> a
12
```

```
>>> a *=2
>>> a
24
>>> a/=2
>>> a
12.0
```

Onde o operador += significa adicione o valor à variável.

Por analogia pode-se ter os operadores: *=, -=, /= etc para as demais operações matemáticas.

Ao efetuar operações, deve-se observar as seguintes regras:

- Não pode existir nenhuma operação implícita;
- Para agrupar as operações matemáticas utiliza-se exclusivamente o parêntese;
- Dois operadores podem aparecer juntos, porém dificulta sua legibilidade. Deve-se utilizar o parêntese para separar;
- Pode-se atribuir o mesmo valor a mais de uma variável.

Por exemplo:

```
>>> a = b = c = 3
```

As variáveis a,b e c passam a ter o valor 3.

Os operadores possuem a hierarquia mostrada na tabela a seguir.

5.2.1 Hierarquia dos Operadores

1º	Parênteses
2º	Exponenciação
3º	* / % //
4º	+ -

Em caso de **mesma hierarquia** resolve-se da **esquerda para a direita**, conforme na matemática. Observe o exemplo:

```
>>> # Veja a importancia do uso dos parenteses
>>> (2+3)/5
1.0
>>> 2+3/5
2.6
>>> # O código abaixo representa uma das técnicas
>>> # mais famosas de criptografia: o RSA
>>> (12**5%35)**29%35
12
>>> 12**5
248832
>>> 248832%35
17
>>> 17**29
```

```
4819685721067509150914118252230716 97
>>> 4819685721067509150914118252230716 97%35
12
```

5.3 Erros de Float Point

O Python não consegue fazer todos os cálculos de forma 100% precisa, isso se deve ao fato de a representação interna ser convertida para bytes e ao fazer a conversão ser introduzido um erro de arredondamento. Note o exemplo abaixo:

```
>>> .1 + .2
0.30000000000000004
```

Esse erro ocorreu porque a maioria das frações decimais não pode ser representada de forma correta em binário, sendo então representada de forma aproximada.

A seguir serão apresentados os módulos math e random empregados na resolução de exercícios. Outros módulos serão apresentados ao final do livro.

5.4 Módulos *built in*

Módulos são arquivos contendo o código Python que podem ser incorporados a novos programas, a fim de evitar ter de reescrever o material a ser rodado pelo interpretador e facilitar a manutenção do programa. Os módulos podem ser internos *built in* quando já vem incorporada a linguagem ou externos quando é necessário baixar e instalar os arquivos ou também aqueles elaborados pelo usuário.

Existem vários módulos adicionais em Python que fornecem funções e métodos que aumentam a capacidade da linguagem.

Neste capítulo trataremos de alguns módulos internos que serão utilizados nos exercícios dos próximos capítulos. Nos dois últimos capítulos serão tratados dos módulos externos Numpy e MatPlotlib.

5.5 Importação de Módulos

Para incorporar as funções e métodos presentes em algum módulo ao programa deve-se importar o módulo desejado através dos comandos from e import.

A importação pode ser feita das seguintes maneiras:

5.5.1 import nome_do_modulo

Nesse caso, toda vez que desejar usar um item do módulo o programador deverá chamá-lo através do seguinte comando:

nome_do_modulo.nome_do_item(argumentos)

Exemplo:

```
>>> import math
>>> math.sin(0)
0.0
```

Pode-se também dar um *apelido* ao módulo dentro do programa.

Exemplo:

```
>>> import math as mt
>>> arc=1.5
>>> seno=mt.sin(arc)
>>> seno
0.9974949866040544
```

Neste caso chamamos o módulo math de mt e passamos a nos referir a ele por este *apelido*.

5.5.2 from nome_do_modulo import item1, item2, ..., item n

Outra forma, é importar uma parte ou todas as funções do módulo. Nesse caso, podemos chamar os itens especificados a qualquer momento no programa como se estes fossem internos ao Python. Para casos onde é vantajoso importarmos um módulo inteiro podemos utilizar no lugar dos itens o asterisco (*).

Observe os exemplos:

```
>>> from math import sin , cos
>>> sin(0)
0.0
>>> cos(0)
1.0
>>> from math import *
>>> sin(0)
0.0
>>> tan(0)
0.0
```

Ressalta-se que não é aconselhável importar todos os métodos de funções de métodos, pois pode causar conflito entre bibliotecas, além de sobrecarregar a memória desnecessariamente.

5.6 Módulo math

O módulo math contém inúmeras funções matemáticas definidas pela linguagem C *standard* e que serão utilizadas nos próximos exercícios.

Inicialmente precisamos importar o módulo math:

```
>>> from math import *
```

Caso você não importe o módulo todo, coloque a expressão math. (observe o ponto . após a palavra math) antes de cada comando.

Resumidamente as principais funções do módulo math são:

5.6.1 Funções numéricas

- math.ceil(x)
  Retorna o menor inteiro maior ou igual a x, ou seja, arredonda para cima.

```
>>> x=7.16
>>> z=ceil(x)
>>> z
8
```

- math.floor(x)
  Retorna o maior inteiro menor ou igual a x, ou seja, arredonda para baixo.

```
>>> x=7.16
>>> z=floor(x)
>>> z
7
```

- math.fabs(x)
  Retorna o módulo ou valor absoluto de x (x é um valor real). O valor retornado é do tipo float.

```
>>> x=-8.45
>>> z=fabs(x)
>>> z
8.0
>>> fabs(-3)
3.0
```

- math.factorial(n)
  Retorna o fatorial do número n inteiro e positivo.

```
>>> n=4
>>> fat=factorial(n)
>>> fat
24
>>> n=-4
>>> fat=factorial(n)
Traceback (most recent call last):
File "<pyshell#7>", line 1, in <module>
fat=factorial(n)
ValueError: factorial() not defined for negative values
```

- math.round(x,i)
  Retorna o valor de x arredondado com i casas decimais

```
>>> z=98.97
>>> x=round(z,1)
>>> x
99.0
```

- math.pow(x,y)
  Retorna x elevado a y. Em particular pow(1.0,0) ou pow(0.0,0) retornam 1.0

```
>>> pow(1.0,0)
1.0
>>> pow(0,0)
1
```

```
>>> pow(-2,2)
4
>>> i = 1j
>>># Os parametros de pow devem ser inteiros ou reais
>>> # não admitindo números complexos
>>> pow(i,i)
Traceback (most recent call last):
  File "<pyshell#21>", line 1, in <module>
    math.pow(i,i)
TypeError: can't convert complex to float
>>> i**i
(0.20787957635076193+0j)
>>> pow(e, -pi/2)
0.20787957635076193
```

- math.sqrt(x)
  Retorna a raiz quadrada de x.

```
>>> x=4
>>> y=sqrt(x)
>>> y
2.0
>>> # Equivalente a
>>> x = 4
>>> x**.5
2.0
```

- log(x,base)
  Retorna o logaritmo de x na base. Quando a base não é especificada retorna o logaritmo natural.

```
>>> log(2,10)
0.30102999566398114
>>> log(e)
1.0
>>> log(e**4)
4.0
```

- log10(x)
  Retorna o logaritmo base 10 de x.

5.6.2 Funções Trigonométricas Básicas

Todos os argumentos de funções trigonométricas são medidos em radianos.

- math.degrees(x)
  Retorna x de radianos para graus

```
>>> degrees(3.14)
179.9087476710785
```

- radians(x)
  Retorna x em graus para radianos
  ```
  >>> radians(180)
  3.141592653589793
  ```

- math.acos(x)
  Retorna o arco cosseno de x.
  ```
  >>> acos(1)
  0.0
  ```

- math.asin(x)
  Retorna o arco seno de x.
  ```
  >>> asin(1)
  1.5707963267948966
  ```

- math.atan(x)
  Retorna o arco tangente de x.
  ```
  >>> atan(1)
  0.7853981633974483
  ```

- math.sin(x)
  Retorna o seno de x.
  ```
  >>> sin(1)
  0.8414709848078965
  ```

- math.cos(x)
  Retorna cosseno de x.
  ```
  >>> cos(1)
  0.5403023058681398
  ```

5.6.3 Constantes

- math.pi
  Retorna o valor de pi (3.1415...)

- math.e
  Retorna o valor de e número neperiano (2.71)

- math.inf
  Retorna infinito. Se for -math.inf retorna menos infinito

- math.nan
  Retorna Not a Number. Pode ser usado, por exemplo, na divisão de 0 por 0.

5.6.4 Exercícios Resolvidos

Exercícios baseados no site https://wiki.python.org.br/EstruturaSequencial. Recomendamos resolver todos os exercícios propostos.

- Elabore um programa que leia as 4 notas de um aluno e mostre a média. Exibir o resultado com valor arredondado para uma casa decimal.

```
# calculo da média
n1=float(input('Digite a primeira nota: '))
n2=float(input('Digite a segunda nota: '))
n3=float(input('Digite a terceira nota: '))
n4=float(input('Digite a quarta nota: '))
media=(n1+n2+n3+n4)/4
# Arredondando
media=round(media,1)
print ('A média é {:3.1f}'.format(media))
```

- Elabore um programa que leia o raio de um círculo e calcule sua área.

```
from math import *
raio=float(input('Digite o raio '))
area=pi*raio**2
print ('Área = {:5.2f}'.format(area))
```

5.7 Módulo random

Este módulo implementa geradores de números pseudo-aleatórios para vários tipos de distribuições.

Possui funções para calcular distribuições uniformes, normais (gaussianas), lognormal, exponencial, gama e beta entre outras.

Apesar de possuir inúmeras funções, seus cálculos são determinísticos, reproduzível e previsível. Por isso eles são chamados de geradores pseudo-aleatórios — pois eles não são verdadeiramente aleatórios.

Seu maior emprego é na área de simulação e de jogos.
Para carregarmos o módulo random usa-se:

```
>>> import random
```

ou,

```
>>> from random import *
```

5.7.1 Algumas funções do módulo random

- **randint()**

  Função: Retorna um número inteiro aleatório contido no intervalo especificado. O intervalo é fechado.
  random.randint(a, b) → a, b e resultado são valores inteiros.

```
>>> random.randint(1, 10)
8
```

- **randrange()**
  Função: Retorna um número inteiro aleatório contido no intervalo especificado. Similar a randint, porém o intervalo é aberto e é possível escolher o passo da formação da lista de números.

  random.randrange(início, fim,[passo]) $\rightarrow$ início, fim (não faz parte do intervalo), passo e resultado: são valores inteiros. O [passo] é opcional.

```
>>> # Os números a serem "'sorteados"' podem ser: 1, 4 ou 7
>>> random.randrange(1, 10, 3)
7
```

- **random()**
  Função: Retorna um número inteiro aleatório contido no intervalo [0.0,1.0]. O resultado é um número real.

  random.random()

```
>>> random.random()
0.3023500640027039
```

- **shuffle**
  Função: Embaralha uma lista.
  random.shuffle(self, x, random=None, int=<type 'int'>)[1].

```
>>> # Este comando cria uma lista com números de 1 a 9
>>> a=list(range(1,10))
>>> a
[1, 2, 3, 4, 5, 6, 7, 8, 9]
>>> random.shuffle(a)
>>> a
[8, 1, 2, 3, 9, 5, 7, 4, 6]
```

- **choice**
  Função: Escolhe de forma aleatória um elemento de uma lista. random.choice(lista)

```
>>> nomes=['jose','pedro','chico']
>>> sele=random.choice(nomes)
>>> sele
'chico'
```

- **sample**
  Função: escolhe de forma aleatória um conjunto de elementos de uma lista. random.sample(lista,k=qtd) onde qtd é a quantidade de elementos selecionados.

[1] Os conceitos de listas serão aprofundados no Capítulo 10 - Listas.

```
>>> nomes=['jose','chico','pedro','luis']
>>> sorte=sample(nomes,k=2)
>>> sorte
['jose', 'pedro']
```

5.8 Para saber mais

Para saber mais sobre os módulos math e random acesse:
https://docs.python.org/3/library/math.html
https://docs.python.org/3/library/random.html

Capítulo 6

Estruturas de Decisão

6.1 Introdução

As estruturas de decisão alteram a ordem natural de execução dos comandos a partir da comparação de dois ou mais valores.

6.2 Expressões Lógicas

São expressões cujos operadores são lógicos e cujos operandos são relações tendo como resposta um valor booleano (**True** ou **False**).

6.2.1 Operadores de Comparação:

- $==$
  Verifica se os dois operadores são iguais.
  Exemplo:
  $2 == 3 \rightarrow False$

- $!=$
  Verifica se os operadores são diferentes
  Exemplo:
  $2 != 3 \rightarrow True$

- $>$
  Verifica se o operador da esquerda é maior que o da direita
  Exemplo:
  $3 > 2 \rightarrow True$

- $>=$
  Verifica se o operador da esquerda é maior ou igual ao da direita
  Exemplo:
  $4 >= 5 \rightarrow False$

- $<$
  Verifica se o operador da esquerda é menor que o da direita
  Exemplo:
  $3 < 2 \rightarrow False$

- $<=$
  Verifica se o operador da esquerda é menor ou igual ao da direita

Exemplo:
$4 <= 5 \rightarrow True$

6.2.2 Os operadores lógicos são:

- *and*
  Retorna $True$ se as duas expressões são $True$ e $False$ caso contrário Exemplo:
  $a > b$ *and* $b > a \rightarrow False$

- *or*
  Retorna $True$ se uma das duas expressões são $True$ e $False$ caso contrário Exemplo:
  $a > b$ *or* $b > a \rightarrow True$

- *not*
  Negação de uma expressão. Exemplo:
  $not(True) \rightarrow False$

- *in*
  Avalia como $True$ se encontrar uma variável na sequência especificada (lista, conjunto, dicionários, etc.) e $False$ caso contrário[1]
  Exemplo:
  'b' in ['a', 'b', 'c'] $\rightarrow True$

- **is**
  Avalia como $True$ se as variáveis em ambos os lados do operador apontarem para o mesmo objeto e falhas de outra forma[2].
  Exemplo:
  x is y será $True$ *se* $id(x) == id(y)$.

6.3 Tipos

6.3.1 Execução condicional

Para escrever programas, quase sempre precisamos verificar as condições de execução do programa e alterar o comportamento do programa de acordo com estas condições. Execução condicional nos dão essa habilidade. A forma mais simples é a instrução if:

Se a condição lógica for verdadeira, os comandos indentados logo abaixo do if serão executados. Se a condição lógica for falsa, os comandos indentados são ignorados. Veja o exemplo a seguir

```
1 if x > 0:
2     print('positivo')
```

Caso o valor de x seja maior que zero a mensagem: **positivo** aparecerá na tela. Caso o valor seja menor ou igual a zero, a linha de comando 2 é ignorada.

6.3.2 Execução alternativa

Uma segunda forma da instrução if é a execução alternativa, na qual existem duas possibilidades e a condição determina qual é executada. A sintaxe segue esse padrão:

[1] Este conceito ficará mais claro no capítulo de listas.

[2] No capítulo de listas será apresentado um esquema gráfico que facilitará o entendimento do leitor.

```
1 if x > 0:
2     print('x é positivo')
3 else:
4     print('x não é positivo')
```

Observe que ou a linha 2 será executada ou a linha 4. Se a linha 2 for executada, a linha 4 não será e a recíproca é verdadeira.

Uma vez que a condição deve ser obrigatoriamente verdadeira ou falsa, exatamente uma das alternativas será executada. As alternativas são chamadas de ramos (*branches* em inglês).

6.3.3 Encadeamento condicional

Por vezes existem mais de duas possibilidades e precisamos de mais de dois ramos de execução. Uma maneira de expressar uma computação como essa é um encadeamento condicional.

```
1 if x > 0:
2     print('x é positivo')
3 elif x == 0:
4     print('x igual a zero')
5 else:
6     print('x é negativo')
```

De forma semelhante à execução alternativa, apenas uma das linhas 2 ou 4 ou 6 será executada.

6.4 Uso de várias comparações

Veja as comparações a seguir.

```
>>> False and True
False
>>> False or True
True
>>> not False or not True
True
>>> False and True or False
False
>>> # A expressao é False por que
>>> # é tratada da esquerda para a direita
>>> # Corresponde a
>>> False and True or False == (False and True) or False
True
>>> # Outro caso
>>> True and False or True
True
>>> True and False or True == (True and False) or True
True
>>> # a -> b é equivalente a
>>> # not(a) or b
>>> # a única situação de erro seria quando
>>> # a fosse verdadeiro e b fosse falso
>>> a = True; b = False
```

```
>>> not(a) or b
False
```

6.5 Uma solução equivocada

Veja o seguinte problema proposto.

Elabore um programa que leia 3 valores diferentes entre si e imprima o maior deles:

```
a = float(input("Entre com o primeiro termo: "))
b = float(input("Entre com segundo termo: "))
c = float(input("Entre com o terceiro termo: "))

if a>b and a>c:
        print ('O maior é {:3.2f} '.format(a))
elif b>c:
        print ('O maior é {:3.2f} '.format(b))
else:
        print ('O maior é {:3.2f} '.format(c))
```

Isto é diferente de:

```
a = float(input("Entre com o primeiro termo: "))
b = float(input("Entre com segundo termo: "))
c = float(input("Entre com o terceiro termo: "))

if a>b>c:
    print ('O maior é {:3.2f} '.format(a))
elif b>c:
    print ('O maior é {:3.2f} '.format(b))
else:
    print ('O maior é {:3.2f} '.format(c))
```

Uma vez que a>b>c significa a>b and b>c. Suponha a=10, b=6 e c=8. A expressão a > b > c retornaria False e o termo que seria impresso seria 2, o que estaria errado.

```
Entre com o primeiro termo 10
Entre com segundo termo 6
Entre com o terceiro termo: 8
O maior é 8.00
```

6.6 Exercícios Resolvidos

1. Escreva um programa em Python que leia dois números inteiros A e B da entrada padrão (teclado) e retorne o quociente da divisão entre A e B. O programa deve verificar previamente a divisão, se o valor de B é diferente de zero.

```
a = float(input("Entre com dividendo: "))
b = float(input("Entre com divisor: "))

if b == 0:
```

```
        print("Impossivel dividir por 0")
else:
        c = a/b
        print ("O quociente da divisao de {:5.2f} por {:5.2f} é \
            {:5.2f}".format(a, b, c))
```

2. Escreva um programa em Python que receba o sexo e a i e e a mensagem não aceita. (Considerar para o Sexo as letras F, f, M ou m). Qualquer outro caso imprimir a mensagem: Nenhum caso.

```
sexo = input("Entre com seu sexo(F/M): ").upper()
idade = int(input("Entre com sua idade: "))
if sexo == 'F' and idade < 25:
    print ("Sexo {:1s}, {:2d} anos, ACEITA".\
        format(sexo, idade))
elif sexo == 'M':
    print ("Sexo {:1s}, {:2d} anos, NAO ACEITA".\
        format(sexo, idade))
else:
    print("Nenhum caso")
```

3. Digite o programa abaixo e responda se o mesmo, após ler 3 valores, verifica se é um triângulo, caso positivo, informa se é equilátero, isósceles ou escaleno e seu perímetro. Reescreve o if retirando a comparação múltipla.

```
a = float(input("Entre com o primeiro valor: "))
b = float(input("Entre com o segundo valor: "))
c = float(input("Entre com o terceiro valor: "))

if((abs(b - c) < a < b + c) and \
   (abs(a - c) < b < a + c) and \
   (abs(a - b) < c < a + b)):
        if(a == b == c):
                print ("Triangulo equilatero")
        elif(a == b or a == c or b == c):
                print ("Triangulo isosceles")
        else:
                print ("Triangulo ecaleno")

        perimetro = a + b + c
        print ("O seu perímetro é {:5.2f}".\
               format(perimetro))
else:
        print ("Nao é um triangulo")
```

4. Um endocrinologista deseja controlar a saúde de seus pacientes e, para isso se utiliza de um índice de massa corporal (IMC). Sabendo-se que o IMC é calculado através da fórmula abaixo:

$$IMC = \frac{Peso}{Altura^2}$$

Onde o Peso é dado em kg e a Altura é dada em metros. Escreva um programa em Python que apresente o nome do paciente e sua faixa de risco, baseando-se na seguinte tabela:

IMC	Faixa de Risco
Abaixo de 20	Abaixo do Peso
A partir de 20 até 25	Normal
Acima de 25 até 30	Excesso de Peso
Acima de 30 até 35	Obesidade
Acima de 35	Obesidade Mórbida

```
nome = input("Entre com seu nome: ")
peso = float(input("Entre com seu peso: "))
altura = float(input("Entre com sua altura: "))
imc = float(peso/(altura ** 2))

if(imc < 20):
        faixaRisco = "Abaixo do Peso"
elif(imc <= 25):
        faixaRisco = "Normal"
elif(imc <= 30):
        faixaRisco = "Excesso de Peso"
elif(imc <= 35):
        faixaRisco = "Obesidade"
else:
        faixaRisco = "Obesidade Morbida"

print ("Nome: {:1s}\nFaixa de Risco: {:1s}".format(nome, faixaRisco))
```

5. Escreva um programa em Python para o cálculo das raízes de uma equação do segundo grau. Seu programa não deve calcular raízes imaginárias.

```
a = float(input("Entre com o coeficiente do termo de grau 2: "))
b = float(input("Entre com o coeficiente do termo de grau 1: "))
c = float(input("Entre com o termo independente: "))

delta = (b**2 - 4*a*c)

if delta >= 0:
        x1 = (-b + (delta ** (1/2.0)))/(2.0*a)
        x2 = (-b - (delta ** (1/2.0)))/(2.0*a)
        print("Suas raizes sao: {:5.2f} e {:5.2f}".format(x1, x2))
else:
        print("Raizes imaginarias")
```

6. Um guerreiro nunca luta com um exército que tenha um número menor de tropas que o seu. Escreva um programa em Python que leia dois valores e mostre o número de tropas do guerreiro, o do oponente e sua diferença.

```
tropa1 = int(input("Entre com o numero da primeira tropa: "))
tropa2 = int(input("Entre com o numero da segunda tropa: "))

if(tropa1 >= tropa2):
    diff = tropa1 - tropa2
    print ("Tropas do guerreiro: \
```

```
        {:3d}\nTropas do oponente: {:3d} \n\
        Diferenca: {:3d}"\
        .format(tropa2, tropa1, diff))
else:
        diff = tropa2 - tropa1
        print ("Tropas do guerreiro: {:3d}\n\
        Tropas do oponente: {:3d}\n\
        Diferenca: {:3d}"\
        .format(tropa1, tropa2, diff))
```

7. Escreva um programa em Python para ler duas notas de um aluno e imprimir a sua situação de acordo com os seguintes critérios: se a média for maior ou igual a sete, o aluno é aprovado; se for menor que sete e maior ou igual a quatro, o aluno faz prova final; e se a média for menor que quatro o aluno é reprovado.

```
nota1 = float(input("Entre com sua primeira nota: "))
nota2 = float(input("Entre com sua segunda nota: "))
media = (nota1 + nota2)/2.0

if(media >= 7):
        print ("Aprovado")
elif(media >= 4):
        print ("Prova Final")
else:
        print ("Reprovado")
```

8. Escreva um programa em Python para ler a idade de uma pessoa e imprimir sua situação de acordo com os critérios abaixo:

- Idade <= 0 → ERRO
- 1 <= idade <= 3 → BEBE
- 4 <= idade <= 11 → CRIANÇA
- 12 <= idade <= 17 → ADOLESCENTE
- 18 <= idade <= 30 → JOVEM
- 31 <= idade <= 64 → ADULTO
- idade >= 65 → IDOSO

```
idade = int(input("Entre com uma idade: "))

if(idade <= 0):
        print ("Erro")
elif(idade <= 3):
        print ("Bebe")
elif(idade <= 11):
        print ("Crianca")
elif(idade <= 17):
        print ("Adolescente")
elif(idade <= 30):
```

```
        print ("Jovem")
elif(idade <= 64):
        print ("Adulto")
else:
        print ("Idoso")
```

6.7 Exercícios Propostos

Faça os exercícios do site http://www.python.org.br/wiki/EstruturaDeDecisao

6.8 Para Saber Mais

Consulte o site https://docs.python.org/3/tutorial/controlflow.html ou,

```
>>> help("if")
```

Capítulo 7

Estruturas de Repetição

7.1 Objetivo

As instruções de repetição são usadas para repetir, de forma controlada, um conjunto de instruções. Estas instruções em Python são de dois tipos: while e for.

No jargão da informática este tipo de comando é chamado de *loop* ou laço em inglês.

7.2 Comando while

Repete um conjunto de instruções enquanto uma condição for verdadeira. Devemos estar atentos para que a condição se torne falsa durante a execução para interromper a repetição. A condição é testada antes de entrar na estrutura de repetição.

Existem duas formas de encerrarmos a repetição:

1. Contando quantas repetições foram realizadas;
2. Usando uma marca de final ou *flag* - é um dado que é utilizado como verificador de continuidade de um laço de repetição. Esta marca *flag* não deverá ser utilizada nos cálculos.

7.2.1 Estrutura do comando

```
while < condição >:
    Comando ou bloco de comandos;
else: # Este comando opcional é utilizado se a condição for falsa
    Comando ou bloco de comandos;
Continuação do código
```

Alguns exemplos do uso do comando while:

- Determine a média aritmética de 5 valores lidos.

```python
soma=0 # soma dos valores
i=0 # qtd de valores lidos
while i<5:
    i+=1 # adiciona 1 a qtd de valores lidos
    x=float(input('Digite um valor: '))
    soma+=x # adiciona o valor lido a soma
media = soma/5
print ('A média dos valores é {:5.2f}'.format(media))
```

- Determine a média aritmética de uma quantidade indeterminada de valores positivos lidos. O *flag* é um valor negativo.

  Nesta solução iremos ler inicialmente um valor e fazer uma estrutura de repetição enquanto o valor lido for **diferente** do *flag*.

```
soma = 0 # soma dos valores
i = 0 # qtd de valores lidos
x = float(input('Digite um valor '))
while x>=0: # enquanto o valor for >=0
        soma += x
        i += 1
        x = float(input('Digite um valor ')) # le o proximo valor
media = soma/i
print ('A média dos valores é {:5.2f}'.format(media))
```

  Observe que será solicitada a digitação de novos valores até que um número negativo seja digitado. Este número negativo é o *flag* que não será considerado no cálculo.

7.2.2 O comando break

Outra forma de usarmos o conceito de ler (ou processar) uma quantidade indeterminada de vezes é fazermos um teste e, dependendo do resultado forçar a saída da estrutura de repetição. O comando **break** finaliza o laço de repetição mais interno que o envolve, passando para o próximo comando fora do laço[1]. Vamos reescrever o programa anterior usando o break:

```
soma = 0 # soma dos valores
i = 0 # qtd de valores lidos
while True: # enquanto verdade !
        x = float(input('Digite um valor ')) # leia um valor
        if x <= 0:
                break # se x for negativo saia do while
        soma += x
        i += 1
media = soma/i
print ('A média dos valores é {:5.2f}'.format(media))
```

O resultado é o mesmo, mas o programa ficou mais legível.

7.3 Comando for

Percorre os itens de objetos e sequências de objetos onde exista a ideia de ordem atribuindo os valores à variável e executando o bloco de comandos após cada atribuição. Para esta estrutura de repetição é necessário conhecer previamente a quantidade de repetições ou de itens de objetos

[1] O Python, diferentemente de outras linguagens tradicionais, não possuem a estrutura repeat/until e o comando break permite que se supere esta limitação

7.3.1 Estrutura do comando

for variável in objeto sequencial:
    Comando1
    ...
    Comando n
Continuação do código

O comando inicializa o valor da variável com o primeiro item do objeto sequencial e executa todas as instruções abaixo dentro do bloco. Retorna ao comando e atribui à variável o próximo valor do objeto e pergunta se é maior. Se for maior, salta para a instrução seguinte ao bloco, caso contrário, continua a execução.

7.3.2 O objeto range

A forma mais usual do uso do comando for é associada a uma sequência gerada pelo comando range()[2]. Essa função gera um objeto que gera uma progressão aritmética com início e fim e que seguem uma determinada razão ou passo. Uma observação importante é que o intervalo percorrido pela função range é que o intervalo é fechado no início e aberto no fim. Ou seja, o primeiro elemento é incluído e o último não.

```
range (inicio , fim , passo)
```

Se o passo for omitido seu valor é 1.

Veja o exemplo:

```
for i in range(1,10):
        print (i,end=" ")
```

Produzirá o seguinte resultado:

1 2 3 4 5 6 7 8 9

7.4 O comando continue

O comando continue passa para o próximo passo do laço mais interno.
Dessa forma o programa:

```
for i in range(1,4):
        for j in range (1,4):
                if i==j:
                        continue
                print (i,j)
```

Neste programa quando o valor de i for igual ao de j o comando continue não imprime os valores e passa para a próxima etapa.

Produzirá o seguinte resultado:

1 2
1 3
2 1

[2]O comando range() no Python 2 gerava uma lista, ocupando espaço em memória. Para interações longas, este tipo de procedimento prejudicava o desempenho.

2 3
3 1
3 2

7.5 Exercícios Resolvidos

1. Escreva um programa em Python que peça uma nota, entre zero e dez. Mostre uma mensagem caso o valor seja inválido e continue pedindo até que o usuário informe um valor válido.

```
nota = float(input("Digite uma nota entre zero e dez: "))
while(nota < 0 or nota > 10):
    print ("Nota fora do intervalo")
    nota = float(input("Digite uma nota entre zero e dez: "))
```

2. Escreva um programa em Python que mostre os números entre 1000 e 2000 que divididos por 11 dão resto 5.

```
for i in range(1001, 2000):
        if((i % 11) == 5):
                print (i)
```

3. Escreva um programa em Python que leia um valor n inteiro e positivo e x real e que calcule as seguintes somas:

- $S1 = x + \frac{x}{2} + \frac{x}{3} + \frac{x}{4} + ... + \frac{x}{n}$
- $S2 = x + \frac{x}{2!} + \frac{x}{3!} + \frac{x}{4!} + ... + \frac{x}{n!}$
- $S3 = x - \frac{x}{2!} + \frac{x}{3!} - \frac{x}{4!} + ... \pm \frac{x}{n!}$
- $S4 = 1 + \frac{x}{2!} + \frac{x}{4!} + \frac{x}{6!} + ... + \frac{x}{n!}$

```
n = int(input("Entre com um valor inteiro e positivo n: "))
x = float(input("Entre com um valor real x: "))
s1 = s2 = s3 = 0.0
s4 = 1.0
fat = 1
for i in range(1, n+1):
    fat *= i
    s1 += x/i
    s2 += x/float(fat)
    if((i % 2) == 0):
        s3 -= x/float(fat)
        s4 += x/float(fat)
    else:
        s3 += x/float(fat)
print ("S1 = {:5.2f}\nS2 = {:5.2f}\nS3 = {:5.2f}\nS4 = {:5.2f}".\
     format(s1,s2,s3,s4))
```

4. Escreva um programa em Python que mostre se um número X, fornecido pelo usuário, é ou não primo.

```
num = int(input("Entre com um numero: "))
primo = True

for i in range(2, num):
        if((num % i) == 0):
                primo = False
                break

if (primo):
        print ("É um numero primo")
# O número 1 por definição não é primo
elif num == 1:
        print ("Não é um numero primo")
else:
        print ("Não é um numero primo")
```

5. Escreva um programa em Python que leia o valor e o multiplique por 3 até que ele seja maior que 100. Seu programa deverá tratar os casos em que ocorre loop infinito.

```
num = float(input("Entre com um numero: "))
cont = 0
if(num <= 0):
    print ("Loop infinito")
else:
    while(num < 100):
        num *= 3
        cont += 1
print ("Vezes que o numero foi multiplicado: {:2d}".format(cont))
```

6. Em um frigorífico existem 20 bois. Cada boi tem uma identificação contendo um número maior que 0 e seu peso. Escreva um programa em Python que leia as identificações e exiba o número do boi mais pesado.

```
idPesado = -1
maiorPeso = -1
for i in range(0, 20):
    boi = int(input("Entre com a identificacao do boi: "))
    peso = float(input("Entre com o peso do boi: "))
    if(peso > maiorPeso):
        maiorPeso = peso
        idPesado = boi
print ("A identificacao do boi mais pesado é: {:3d}".\
       format(idPesado))
```

7. Escreva um programa em Python que leia uma quantidade indeterminada de valores reais e calcule e exiba a média aritmética dos números compreendidos entre 13 e 73. O flag é um número negativo.

```
cont = 0
```

```
soma = 0.0
while True:
    num = float(input("Entre com um numero: "))
    if num < 0:
        break
    elif num > 13 and num < 73:
        cont += 1
        soma += num
if cont > 0:
    media = soma/cont
    print ("Media: {:5.2f}".format(media))
else:
    print ("Não existem valores no intervalo")
```

8. Hugo, um aluno muito distraído, inseriu o seguinte código e obteve um resultado inesperado:

```
>>> import math
>>> math.cos(4)
-0.6536436208636119
```

Confuso Hugo indagou o porquê de o cosseno ter dado negativo, mesmo 4° estando no primeiro quadrante. Como você explicaria para Hugo o que aconteceu?

Resposta:
O problema se deu pelo fato de Hugo ter acreditado que o argumento de entrada era dado em graus. Na realidade, Hugo inseriu um valor próximo de 229°, o que justifica o cosseno negativo.

9. Escreva um programa em Python para ler o nome, sexo(M ou F) e as duas notas dos alunos de uma turma até que nada seja digitado no nome. Imprimir a média de cada aluna. Imprimir também a média total dos homens.

```
cont = 0
soma = 0.0
while True:
    nome = input("Digite o nome: ")
    if nome == '':
        break # se for vazio pare
    sexo = input("Digite o sexo(F/M): ").upper()
    nota1 = float(input("Digite a primeira nota: "))
    nota2 = float(input("Digite a segunda nota: "))
    media = (nota1 + nota2)/2.0
    if(sexo == "F"):
        print ("Media da {:1s}: {:5.2f}".format(nome, media))
    elif(sexo == "M"):
        cont += 1
        soma += media
    else:
        print("Sexo não existe")
if(cont != 0):
    mediaTotal = soma/cont
    print ("Media dos homens da turma: {:5.2f}".format(mediaTotal))
```

```
else:
    print ("Nenhum aluno homem na turma")
```

CAPÍTULO 8

Classe String

8.1 A Ideia de Ordenação do Python e o *slice*

Todas as classes/tipos do Python que possuem ideia de ordenação podem ser acessadas por partes, através de uma operação denominada ***slice***.

Em Python cada representante de um grupo ordenado possui uma numeração na sequência, variando de 0, para o primeiro elemento e seguindo uma progressão aritmética de razão 1 até o último termo. Ou uma progressão aritmética de razão -1, e último termo -1, começando do último termo até o primeiro.

Exemplo:

P	Y	T	H	O	N
0	1	2	3	4	5
-6	-5	-4	-3	-2	-1

O acesso a partes da string se dá da seguinte forma: nomedavariavel[inicio:fim:passo]

Exemplo:

```
>>> a = 'python'
>>> a[0]
'p'
>>> a[-6]
'p'
>>> a[1:4]
'yth'
>>>a[:4]
'pyth'
>>> a[:5:2]
'pto'
>>> a[-6:-1:2]
'pto'
>>> a[-6::2]
'pto'
>>> a[-1::-1]
'nohtyp'
```

8.2 Operadores

+ → Indica "Concatenação"

```
>>> a = 'estudo'
>>> b = ' dos '
>>> c = 'computadores'
>>> d = a + b + c
>>> d
'estudo dos computadores'
>>> b = 'dos'
>>> d = a + b + c
'estudosdoscomputadores'
```

$* \rightarrow$ **Representa Repetição**

```
>>> a * 3
'oioioi'
```

8.3 Função len(x)

Esta função se refere a todos as classes que possuem ideia de tamanho. Seu valor de entrada x é uma variável pertencente a uma dessas classes e o comando retorna seu "tamanho".

```
>>> a = 'oi'
>>> len(a)
2
>>> a[:len(a)]
'oi'
```

8.4 Função ord(x)

A função ord(x) recebe uma *string* de um único caractere e retorna seu número na tabela ASCII.

```
>>> ord('a')
97
>>> ord('1')
49
```

8.5 Função chr(x)

A função chr(x) faz o inverso da função ord(x). Essa função recebe um número inteiro e retorna o caractere que ele representa na tabela ASCII.

```
>>> chr(49)
'1'
>>> chr(97)
'a'
```

8.6 Métodos da Classe String

Por ora trataremos métodos como tipos diferenciados de funções, contudo mais adiante será melhor explicada a diferença entre métodos e os comandos normais. Os métodos dessa classe, assim como os das demais classes primitivas da linguagem, estão integrados (built-in) e por esse motivo não é necessária a importação de módulos para sua utilização. Ou seja, o programador pode simplesmente chamá-los e executá-los sem problemas, desde que sejam obedecidos os tipos dos argumentos de entrada e o uso dos parênteses (mesmo que não possua argumentos de entrada).

Serão apresentadas somente as principais funções da classe, e todas elas exemplificadas para melhor entendimento do leitor.

8.6.1 count

Este método é utilizado para contar quantas vezes uma determinada string "b"aparece em uma string "a". Também aceita os argumentos opcionais início e fim, que são utilizados visando restringir o tamanho da pesquisa dentro da string.

Por default, início é a posição 0 da string e fim é a posição do último caractere.

a.count (b, [inicio, fim]) → a – string, b – string, inicio – inteiro, fim – inteiro

```
>>> a = 'python'
>>> a.count('h')
1
>>> a.count('h', 0, 2)
0
```

8.6.2 lower

Este método é utilizado para retornar uma cópia[1] de uma string em letras minúsculas.

a.lower() → a - string

```
>>> a = 'PYTHON'
>>> a.lower()
'python'
```

8.6.3 upper

Este método é utilizado para retornar uma cópia de uma string em letras maiúsculas.

a.upper() → a – String

```
>>> a = 'python'
>>> a.upper()
'PYTHON'
```

8.6.4 replace

Este método retorna uma nova string que substitui na string "a"todas as coincidências de uma string "b"por uma nova string "c". Também recebe um argumento de entrada opcional que chamaremos de quantidade (qtd) que representa a quantidade de substituições que serão feitas na string.

Por default qtd é toda a string.

a.replace(b, c [,qtd]) → a – string, b – string, c – string, qtd – inteiro

[1] Uma cópia significa que a string original não foi modificada.

```
>>> a = 'python'
>>> a.replace('p', 'c')
'cython'
```

8.6.5 split

Este método separa a string "a"toda vez que for encontrada a string "b". Cada fracionamento da string será transformado em um item de uma lista. Também recebe como dado de entrada opcional a quantidade de vezes que será realizado o fracionamento.
Por default "b"é considerado como ' ' e qtd é considerado como toda a string.
a.split(b[,qtd]) → a – String, b – String, qtd – Inteiro

```
>>> a = 'python'
>>> a.split('y')
['p', 'thon']
```

8.6.6 isalnum

Este método é utilizado para verificação dos tipos de caracteres de uma string. Caso a string analisada possua somente caracteres alfanuméricos, retorna True, caso contrário, retorna False.
a.isalnum() → a – string

```
>>> 'python'.isalnum()
True
>>> 'python123'.isalnum()
True
>>> 'python@123'.isalnum()
False
```

8.6.7 isalpha

Este método é utilizado para verificação dos tipos de caracteres de uma string. Caso a string analisada possua somente caracteres alfabéticos retorna True, caso contrário, retorna False.
a.isalpha() → a – String

```
>>> 'python'.isalpha()
True
>>> 'python123'.isalpha()
False
# observe que espaço em branco não é string
>>> 'Jose da Silva'.isalpha()
False
```

8.6.8 isdigit

Este método é utilizado para verificação dos tipos de caracteres de uma string. Caso a string analisada possua somente caracteres numéricos, retorna True, caso contrário, retorna False. Observe que o ponto não é considerado dígito.
a.isdigit() → a – string

```
>>> num='12.345'
>>> # Em que pese 12.345 parecer float, o ponto
>>> # não é um caracter numérico
>>> num.isdigit()
False
```

8.6.9 islower

Este método é utilizado para verificação dos tipos de caracteres de uma string. Caso a string analisada possua somente caracteres que não sejam caracteres maiúsculos, retorna True, caso contrário, retorna False.
a.islower() → a – string

```
>>> 'python'.islower()
True
```

8.6.10 isupper

Esse método é utilizado para verificação dos tipos de caracteres de uma string. Caso a string analisada possua somente caracteres que não sejam caracteres maiúsculos, retorna True, caso contrário, retorna False.
a.isupper() → a – string

```
>>> 'Python'.isupper()
False
```

8.7 Formatações Avançadas de Strings

8.7.1 Pular linhas

Para mudar de linha coloca-se o parâmetro \n

```
>>> a = input('1\n2\n digite o valor de a: ')
1
2
 digite o valor de a:
```

8.7.2 Tabulação Horizontal

Para executar uma tabulação horizontal utiliza-se o parâmetro \t. Esse comando funciona somente ao ser executado no modo programado.
O programa

```
nome = 'Antonio'
>>> print('\t' + nome)
        Antonio
```

8.7.3 String Unicode

Para declarar que uma string está no padrão Unicode, basta colocar a letra u antes da string.

```
>>> texto = u'string unicode'
>>> texto
u'string unicode
```

8.7.4 String Crua

A letra r antes da string indica que ela é uma string crua, ou seja, as strings de barra invertida não serão interpretadas.

```
>>> texto = r'\n\n nao vai pular linha '
>>> texto
'\\n\\n nao vai pular linha '
```

8.7.5 f-String

Empregada a partir da versão do Python 3.6.

Segundo os desenvolvedores da linguagem o *f-string* possibilita uma melhor legibilidade usando uma sintaxe mais fácil e clara.

```
>>> nome='José'
>>> idade=34
>>> sal=956.78
>>> f'{nome} tem {idade} anos e recebe R$ {sal}'
'José tem 34 anos e recebe R$ 956.78'
```

Na formatação da string substitui-se a variável pelo seu valor.

Observe que entre o f e o apóstrofo, **não** existe espaço em branco.

8.7.6 Aspas ou Apóstrofos Dentro da String

Para utilizar aspas dentro de uma string devemos utilizar o parâmetro \", o mesmo acontece com o apóstrofo, porém seu parâmetro é o \'

```
>>> texto = "\"usando\""
>>> texto
'"usando aspas"'
>>> texto = '\'usando apostrofos\''
>>> texto
"'usando apostrofos'"
>>> texto = '"usando aspas"'
>>> texto
'"usando aspas"'
>>> texto = "'usando apostrofos'"
>>> texto
"'usando apostrofos'"
```

8.8 Exercícios Resolvidos

1. Escreva um programa em Python que conte a quantidade de espaços em branco de uma string.

```
frase = input('Frase:  ')
totalbranco = frase.count(' ')
print ("Total de  brancos:  {:2d}".format(totalbranco))
```

Versão sem o método count:

```
totalbranco = 0
frase = input('Frase: ')
for i in range(len(frase)):
        if frase[i] == ' ':
        totalbranco += 1
print ("Total de  brancos:  {:2d}".format(totalbranco))
```

2. Qual o resultado das seguintes execuções sabendo que:

```
>>> a = "python"
```

a) a[0] = j

b) a[0] = 'j'

c) upper(a)

d) a.isdigit()

e) a.lower(a.upper())

3. Elias, um aluno que adora contos de espionagem, decidiu que iria criptografar uma mensagem adicionando o valor 1 ao código na tabela ASCII do caractere.

Depois precisou descriptografar a frase.

Mostre o programa que Elias precisou fazer:

```
frase=input('Digite uma frase: ')
t=len(frase)
frasec='' # frase criptografada
for i in range(t):
    cod=ord(frase[i])# codigo ASCII de cada letra
    cod+=1 # letra seguinte
    letra=chr(cod) # converte em letra
    frasec+=letra #monta a frase
print ('Frase criptografada —> {:20s}'.format(frasec))
# descriptografando
frased='' # frase decriptografada
for i in range(t):
    cod=ord(frasec[i])# codigo ASCII de cada letra
    cod-=1 # letra anterior
    letra=chr(cod) # converte em letra
    frased+=letra #monta a frase
print ('Frase decriptografada —> {:20s}'.format(frased))
```

4. Leia uma frase qualquer. Depois para cada caracter, pegue seu valor ASCII eleve por 13 e calcule o resto deste número por 253. Com este número, verifique qual o caracter ASCII correspondente ao mesmo e concatene as letras. Esta será sua frase criptografada. Imprima a mesma. Para decriptografar, pegue o valor ASCII de cada letra e eleve a 17 e calcule o resto por 253 novamente. Concatene as letras. Verifique se a frase decriptografada corresponde à frase inicial. Observação: este algoritmo somente funciona para caracteres ASCII inferiores a 253. Trata-se de um exemplo de aplicação do famoso algoritmo RSA (chave pública) utilizado na Internet.

```
frase = input("Frase: ")
frase_c = ""
for i in frase:
    frase_c += chr(ord(i)**13%253)
print('Frase criptografada: ',frase_c)
frase_d = ""
for i in frase_c:
    frase_d += chr(ord(i)**17%253)
print('Frase decriptografada: ',frase_d)
if frase_d == frase:
    print("Decriptografia bem sucedida")
else:
    print("erro")
```

5. Escreva um programa em Python que simule o método upper e lower.

Upper:

```
a = input("Entre com uma string: ")
b = ''
for i in a:
    if(ord(i) > 96) and (ord(i) < 123):
        b += chr(ord(i) - 32)
    else:
        b += i
print(b)
```

Lower:

```
a = input("Entre com uma string: ")
b = ''
for i in a:
    if(ord(i) > 64) and (ord(i) < 91):
        b += chr(ord(i) + 32)
    else:
        b += i
print(b)
```

6. Escreva um programa em Python que leia um número e imprima a si mesmo, o seu quadrado e o seu cubo. Seu programa deverá mostrar os resultados duas vezes, sendo uma vez utilizando o método rjust, e outra com o center.

```
a = float(input("Entre com um número: "))
#utilizando a função ljust e espaçamento 6 entre eles
print (str(a).rjust(6), str(a*a).rjust(6), str(a*a*a).rjust(6))
```

```
#utilizando center espaçamento 6 entre eles (3 para cada lado)
print (str(a).center(6), str(a*a).center(6), str(a*a*a).center(6))
```

7. Escreva um programa em Python que leia uma palavra e exiba seu primeiro e seu último caractere.

```
a = input("Entre com uma palavra: ")
print (a[0], a[len(a) - 1])
```

8. Escreva um programa em Python que leia uma frase e exiba o número de vogais e consoantes que aparecem nela.

```
nome = input("Entre com um nome: ")
nomeTeste = nome.lower()
consoante = 0
vogal = 0
especiais = 0
for i in nomeTeste:
    if(i == 'a') or (i == 'e') or (i == 'i') \
        or (i == 'o') or(i == 'u'):
    # O comando acima pode ser simplificado
    # para if "'aeiou"'.count(i) == 1:
        vogal += 1
    elif(ord(i) < 123) and (ord(i) > 96):
        consoante += 1
    else:
        especiais += 1
print ('número de vogais: {:2d}\nnúmero de consoantes: {:2d}\n\
número de outros caracteres : {:2d}'.\
      format(vogal, consoante, especiais))
```

9. Palíndromos são palavras que são idênticas se lidas da esquerda para a direita ou da direita para a esquerda, a exemplo da palavra ovo. Este conceito pode ser ampliado para frases tal como: subi no ônibus . Escreva um programa em Python que verifique se uma frase é um palíndromo. Observe que espaços em branco não influenciam se a frase é palíndromo ou não. Desta forma deve-se retirar inicialmente os espaços em branco.

```
frase=input('Digite uma frase ')
t=len(frase)
# tira espaços em branco
frasev=''
for i in range(t):
    if frase[i]==' ':
        continue
    else:
        frasev+=frase[i]
# invertendo a frase
frasei=''
for i in range(-1,-t+1,-1):
    frasei+=frasev[i]
# verificando se é palidromo
if frasev==frasei:
```

```
        print ('{:*^30}'.format('é palindromo'))
    else:
        print ('{:*^30}'.format('não é palindromo'))
```

10. A solução para verificar se uma **palavra** simples é um palíndromo é:

```
frase=input('Digite uma frase ')
if frase == frase[-1::-1]:
    print(frase, 'é um palíndromo')
else:
    print(frase, 'não é um palíndromo')
```

CAPÍTULO **9**

Tratamentos de Erro

9.1 Objetivo

Erros são humanos e sempre ocorrem ao escrevermos programas, sejam simples ou complexos, o modo de como as linguagens de programação nos retornam estes erros é que há mudança.
O erro do Python é chamado de *Traceback* que é uma pilha criada quando ocorre a exceção.
O tratamento de erro (ou tratamento de exceção) é um mecanismo para tratar ocorrências que alteram o fluxo normal de execução do programa. Por exemplo:

```
>>> nome="Python"
>>> nome[10]
Traceback (most recent call last):
File "<pyshell#1>", line 1, in <module>
nome[10]
IndexError: string index out of range
```

9.2 Tipos de Erro

9.2.1 warning - aviso

Existem condições excepcionais menos sérias que não provocam o levantamento de um objeto de exceção, mas apenas são exibidas sob a forma de um aviso.
Por exemplo,

```
>>> import regex
Warning (from warnings module):
File "__main__", line 1
DeprecationWarning: the regex module is deprecated;
please use the re module...
```

Neste caso, o interpretador nos sinaliza que o módulo regex é antigo e que foi substituído por outro mais atualizado chamado re. O programa não falha, mas o programador fica ciente que provavelmente deve reescrever seu programa usando o módulo re para evitar obsolescência

9.2.2 Erros de Sintaxe

Também conhecidos como erros de parse.

```
# Note que está faltando ':' após o True
>>> if a != True
SyntaxError: invalid syntax
```

9.2.3 Exceções

São os erros que são sintaticamente corretos, mas impossíveis de serem executados por algum motivo.

```
>>> a
Traceback (most recent call last):
File "<pyshell#4>", line 1, in <module>
a
NameError: name 'a' is not defined
```

9.3 Tratamento de Exceções

A seguir são apresentados os comandos que permita a linguagem Python tratar exceções.

9.3.1 Comando try

Este comando, assim como a cláusula if funciona uma única vez e, diferentemente dela, precisa de uma cláusula que a torne composta, no caso o comando except.

Modelo de declaração do try:
try:
    comando ou bloco de comandos que serão verificados

9.3.2 Comando except

Este comando é semelhante ao else. Assim como o else só é executado quando o if retorna False, o except só é executado quando o try retorna um erro.

Diferentemente do else, o except aceita argumentos que deverão especificar os tipos de erros tratados. Caso os erros não sejam especificados na cláusula, eles serão entregues a um try mais externo. Caso não exista um *tratador*, então é mostrada uma mensagem de erro.

Modelo de declaração do except:
except(tipo de erro, ..., tipo de erro):
    Comando ou bloco de comandos a serem executados

A seguir é apresentado algumas classes de exceção:

Classe	Descrição
Exception	Classe base para todas as exceções
AttributeError	Falha de acesso ou atribuição a atributos de classe
IOError	Falha no acesso a arquivo inexistente ou outros de E\ S
NameError	Variável inexistente
ValueError	Operador embutido aplicado a tipo certo mas valor inadequado
ZeroDivisionError	Divisão ou módulo por zero

```
>>> try:
        x = float( input('entre com um número: '))
except (valueError):
        print('Parando o programa por tipo errado')
```

```
entre com um número: dez
Parando o programa por tipo errado
```

Máscara de Exceções

O Comando except pode executar um conjunto de comandos padrão para qualquer tipo de erro que ocorra, para isso basta não apresentar argumentos.

```
>>> try:
        x = float( input('entre com um número: '))
except:
        print('Parando o programa por tipo errado')

entre com um número: dez
Parando o programa por tipo errado
```

9.4 Provocando Exceções

O comando raise permite ao programador forçar a ocorrência de um determinado tipo de exceção.
Modelo sem o raise:

```
>>> try:
        x = float( input('entre com um número: '))
except (ValueError):
        print('Parando o programa por tipo errado')

entre com um número: 10
```

Modelo com o raise:

```
>>> try:
        x = float( input('entre com um número: '))
        raise ValueError
except (ValueError):
        print('Parando o programa por tipo errado')

entre com um número: 10
Parando o programa por tipo errado
```

Observe que mesmo o usuário tenha digitado o número corretamente, o programa imprimiu a mensagem de erro. Este tipo de tratamento pode ser utilizado, por exemplo, para verificar a correção lógica de um programa.

9.5 Comando finally

O comando finally é utilizado para ações de limpeza, sendo executado tanto quando ocorrer e também quando não ocorrer exceções.
Veja os exemplos:

```
>>> try:
        raise ValueError
```

```
except (TypeError):
        print('Não vai passar por aqui')
finally:
        print('Vou ser executado de qualquer forma')

vou ser executado de qualquer forma

Traceback (most recent call last):
        File "<pyhell#56>", line 2, in <module>
          raise VaueError
ValueError

>>> try:
        raise ValueError
except (ValueError):
        print('Vai passar por aqui')
finally:
        print('vou ser executado de qualquer forma')

Vai passar por aqui
vou ser executado de qualquer forma
```

9.6 Exercícios Resolvidos

1. Escreva um programa em Python para ler um número real e trate a exceção caso o usuário digitou um dado inválido.

```
while True:
    try:
        a = float( input("Entre com o valor: "))
        print (a)
        break
    except:
      print ("Ocorreu um problema com sua entrada")
      print ("insira novamente os dados")
```

2. Escreva um programa em Python que leia dois valores e execute a divisão entre eles.

```
while True:
  try:
     a = float( input("Entre com um valor: "))
     b = float( input("Entre com outro valor: "))
     c=a/b
     # se não houver erro
     print ("A divisão é {:5.2f}".        format(c))
     break
  except:
     print ("Ocorreu um problema " )
     print ("insira novamente o dado")
```

3. Em uma fábrica existe um botão de desligamento forçado. Quando este botão é ativado ele envia o valor 11 para o programa interno. Escreva um programa em Python que pare assim que receber o valor 11.

```
while True:
 try:
    a = float( input("Entre com um valor: "))
    b = float( input("Entre com outro valor: "))
    c=a/b
    # se não houver erro
    print ("A divisão é {:5.2f}".      format(c))
    break
 except:
    print ("Ocorreu um problema " )
    print ("insira novamente o dado")
```

9.7 Para Saber Mais

Refaça os exercícios dos capítulos anteriores tratando os erros.

Capítulo **10**

Listas

10.1 Introdução

Lista é um conjunto ordenado de valores identificado por um índice.
Uma lista (*list* em Inglês) possui as seguintes características:

- Os elementos podem ser alterados[1].
- Os elementos podem ser repetidos.
- Os itens da lista são separados por vírgula (,) e escritos entre colchetes [].
- Uma lista PODE conter diferentes tipos de dados inclusive outras listas. Uma lista dentro de outra lista denomina-se aninhada.
- Os valores armazenados em uma lista podem ser acessados usando colchetes [] e [:] cujos índices iniciam em 0 quando contado a partir do inicio da lista e -1 o último elemento quando contado a partir do fim da lista.
- Quando os dados forem do tipo string, um operador de slice pode ser aplicado.
- Listas possuem métodos que podem ser aplicados a elas. Um método é semelhante a uma função, mas são invocados de forma diferente: objeto.método(argumentos).
  Por exemplo: para adicionar um valor a uma lista usa-se o método append. Assim temos: b.append(5) que significa inclua o valor 5 na lista b.

10.2 Métodos, funções e comandos da classe list

10.2.1 append

Este método é utilizado para acrescentar um objeto **b** como integrante no final da lista **a**.

```
>>> b = [1, 2, 3, 4]
>>> b.append('objeto')
>>> b
[1, 2, 3, 4, 'objeto']
```

[1]Listas são tipos básicos mutáveis do Python, ou seja, podem ser adicionados novos elementos, ou ainda alterá-los. Porém, vale ressaltar que a alteração é feita diretamente na memória causando dessa forma alteração em todos os objetos que apontam para a mesma lista.

10.2.2 count

Este método conta quantas vezes o objeto **b** aparece na lista **a**, ao contrário das strings, este método não recebe argumentos opcionais de entrada.

```
>>> a = [1, 1, 1, 1, 2, 3]
>>> a.count(1)
4
```

10.2.3 index

O método index retorna a primeira ocorrência de um valor dentro da lista. Pode procurar em uma parte do vetor também. Possui a forma lista.index(valor[,início[,fim]), onde início e fim determinam a posição inicial e final do subvetor. Tanto início como fim são parâmetros opcionais. Quando não encontra o valor, emite uma mensagem de erro de exceção.

```
>>> lista = ['a', 'b', 'c', 'd', 'e']
>>> lista.index('c')
2
>>> lista.index('a',2)
Traceback (most recent call last):
  File "<pyshell#15>", line 1, in <module>
    lista.index('a',2)
ValueError: 'a' is not in list
>>> lista.index('a')
0
>>> lista.index('f')
Traceback (most recent call last):
  File "<pyshell#17>", line 1, in <module>
    lista.index('f')
ValueError: 'f' is not in list
```

10.2.4 insert

O método insert é similar ao método append, uma vez que ambos adicionam um objeto como integrante na lista, contudo esse método recebe como argumento, além do dado que será inserido na lista, a posição que ele será inserido. Caso a posição seja maior que a lista, o item será acrescentado ao final da lista[2].

```
>>> lista = ['a', 'b', 'c', 'd', 'e']
>>> lista.index('c')
2
>>> lista.insert(3, 'C')
>>> lista
['a', 'b', 'c', 'C', 'd', 'e']
>>> lista.insert(1000,'z')
>>> lista
['a', 'b', 'c', 'C', 'd', 'e', 'z']
```

[2]lista.insert(len(lista), valor) é equivalente ao comando lista.append(valor)

10.2.5 pop

O método pop é utilizado para a remoção de um item da lista. Recebe como argumento de entrada a posição que este item ocupa. Caso seja colocado um índice superior ao tamanho da lista, é emitida uma mensagem de erro. a.pop(pos) → a – Lista, pos – Inteiro

```
>>> a = [1, 2, 3, 4]
>>> a.pop(3)
4
>>> a
[1, 2, 3]
>>> a.pop(10)
Traceback (most recent call last):
  File "<pyshell#26>", line 1, in <module>
    a.pop(10)
IndexError: pop index out of range
```

10.2.6 remove

O método remove, retira a primeira ocorrência de um determinado objeto em uma lista. Caso o objeto não seja encontrado é emitida uma mensagem de erro ValueError. a.remove(b) → a – Lista, b – Qualquer

```
>>> lista
['a', 'b', 'c', 'd', 'e']
>>> lista.remove('b')
>>> lista
['a', 'c', 'd', 'e']
>>> lista.remove('z')
Traceback (most recent call last):
  File "<pyshell#33>", line 1, in <module>
    lista.remove('z')
ValueError: list.remove(x): x not in list
```

10.2.7 sort

O método sort é utilizado para ordenar listas.

```
>>> a = [1,3,4,2,6,5]
>>> a.sort()
>>> a
[1, 2, 3, 4, 5, 6]
```

10.2.8 reverse

Este método é utilizado para inverter a ordem que os itens de uma lista estão posicionados. Não se trata de ordenar de forma inversa, mas inverter a ordem da lista.

```
>>> a = [1, 4, 2, 6]
>>> a.reverse()
>>> a
[6, 2, 4, 1]
```

10.2.9 Funções max e min

As funções max e min retornam os valores máximos e mínimos existentes na lista.

```
>>> a = [6, 3, 2, 4, 1]
>>> max(a)
6
>>> min(a)
1
```

10.2.10 Comando in

O comando in verifica se determinado objeto está contido em uma lista, retornando True ou False.

```
>>> lista = [1, False, 'a']
>>> 1 in lista
True
>>> 'z' in lista
False
>>> False in lista
True
```

10.3 Cuidados na atribuição de listas - o método copy

Veja o seguinte código.

```
>>> a = [1, 2, 3]
>>> b = a
>>> a.append(4)
>>> a
[1, 2, 3, 4]
>>> b
[1, 2, 3, 4]
```

Perceba que atribuímos à lista b os mesmos valores de a. Ao modificar a, modificaremos também b, pois ao tratar sequências (listas, conjuntos, tuplas, dicionários), o Python usa estrutura de ponteiros, em que modificações na lista original acarretam modificações também na lista copiada. Para ver esta estrutura de ponteiros, use o método copy.

```
>>> a = [1, 2, 3]
>>> b = a
>>> id(a)
2277775911112
>>> id(b)
2277775911112
>>> b is a
True
>>> b = a.copy()
>>> a.append(4)
>>> a
[1, 2, 3, 4]
```

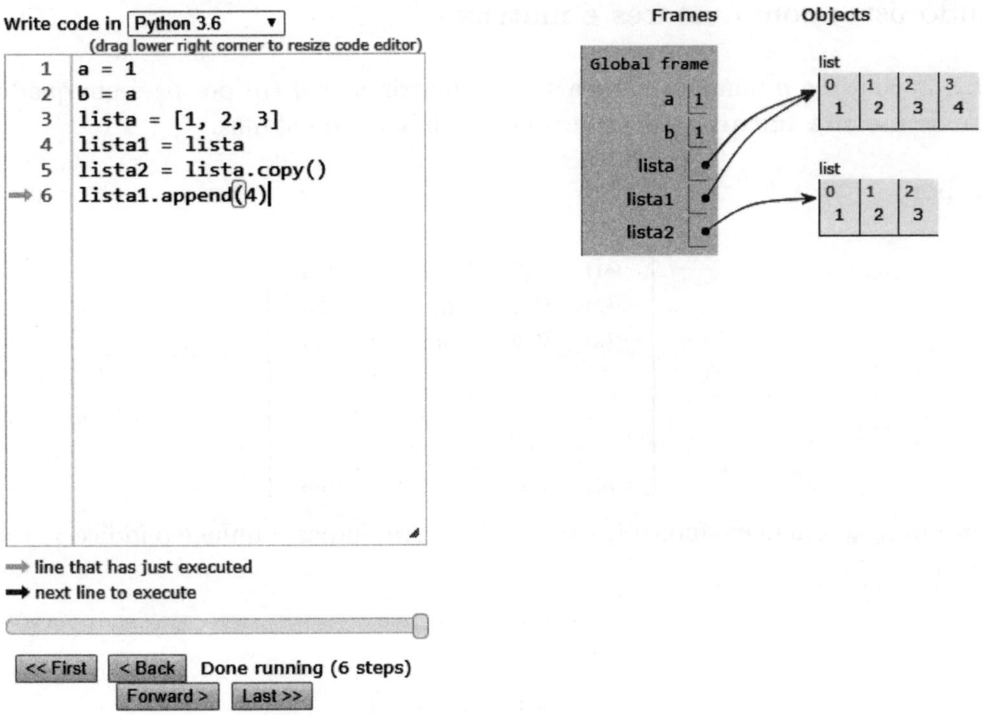

Figura 10.1: Exemplo no Python Tutor

```
>>> b
[1, 2, 3]
>>> b is a
False
>>> id(a), id(b)
(2277775911112, 2277775785224)
```

10.4 Visualizando a execução do código com Python Tutor

Para um melhor entendimento do funcionamento dos programas e dos valores assumidos pelas variáveis durante sua execução, sugerimos utilizar o **Python Tutor**, uma ferramenta disponível na Internet para visualização e depuração de códigos.

Está disponível em http://pythontutor.com

Na figura 10.1 está um exemplo de execução de programação usando listas.

10.5 Tratando listas como vetores e matrizes

Definição 10.1 Sejam m e n números naturais. Uma matriz $m \times n$ (m por n) é um quadro formado por $m \cdot n$ elementos de **mesma natureza** dispostos em m linhas e n colunas.

Representamos por

$$A = \begin{bmatrix} a_{11} & a_{12} & a_{13} & \cdots & a_{1n} \\ a_{21} & a_{22} & a_{23} & \cdots & a_{2n} \\ a_{31} & a_{32} & a_{33} & \cdots & a_{3n} \\ \cdot & \cdot & \cdot & \cdot & \cdot \\ \cdot & \cdot & \cdot & \cdot & \cdot \\ \cdot & \cdot & \cdot & \cdot & \cdot \\ a_{m1} & a_{m2} & a_{m3} & \cdots & a_{mn} \end{bmatrix}$$

uma matriz $A = [a_{ij}]_{m \times n}$, em que o índice i, $i = 1, 2, 3, \cdots, m$, indica a linha e o índice j, $j = 1, 2, 3, \cdots, n$, indica a coluna.

Exemplo 10.1

$$\begin{bmatrix} 2 & -1 & 4 & 0 \\ 0 & 3 & -7 & 23 \end{bmatrix}$$

é uma matriz 2×4.

Exemplo 10.2

$$\begin{bmatrix} 0 & 1 & 12 \\ 5 & 8 & -9 \\ 9 & 0 & 4 \end{bmatrix}$$

é uma matriz 3×3.

Definição 10.2 Matriz linha ou vetor é toda matriz do tipo $1 \times n$.

Python não possui o conceito de matriz. Para tanto usa-se listas para representar os vetores e listas de listas para representar as matrizes. É importante destacar que uma lista é um objeto *inteirável*, isto é, pode-se percorrer todos os elementos da lista com um comando **FOR**.

Exemplo 10.3 Escreva um programa em Python que leia o vetor A com 5 valores reais. Exiba os valores na ordem em que foram lidos.

```
A=[]      # cria a variavel A do tipo lista
for i in range(0,5):
    x=float( input('Digite um valor '))
    A.append(x)  # adiciona a A o valor lido
print("Valores lidos")
for j in A:  # percorre a lista
    print ("{:^10.2f}".format(j))    # centraliza o valor com 2 decimais
```

Exemplo 10.4 Agora trataremos de uma matriz de duas dimensões.
Observe no exemplo a seguir as etapas comentadas para criação da matriz.
Elabore um programa Python que leia os dados para uma matriz de mxn valores. m e n são lidos. Exibir esta matriz sob a forma de tabela.

```
m=int(input('Digite m: '))
n=int(input('Digite n: '))
a=[None]*m            # cria uma lista com m elementos
for i in range(m):
    a[i]=[None]*n      # cria, para cada elemento, uma sub lista
                       # com n elementos cada
                       # fica a[1][1], a[1][2] ...
    for j in range(n):
        a[i][j]=int(input('Digite a['+ str(i+1) +\
                   ','+str(j+1) +']:  ' ))
print ('\n{:*^20}\n'.format('Matriz lida'))
for i in range(m):
    for j in range(n):
        # imprime todos os elementos de uma linha
        print (str(a[i][j]).rjust(6), end = ' ')
    # muda de linha
    print()
```

```
Digite m: 3
Digite n: 3
Digite a[1,1]:  1
Digite a[1,2]:  2
Digite a[1,3]:  3
Digite a[2,1]:  4
Digite a[2,2]:  5
Digite a[2,3]:  6
Digite a[3,1]:  7
Digite a[3,2]:  8
Digite a[3,3]:  9

****Matriz lida*****

     1      2      3
     4      5      6
     7      8      9
```

10.6 Algoritmos de Ordenação Elementares

Algoritmo de ordenação é aquele que coloca os elementos de uma dada sequência em uma certa ordem, em Python somente pode-se ordenar elementos de uma lista, que pode ser completa ou parcial. As ordens mais usadas são a numérica e a lexicográfica. Os algoritmos podem ter diversas implementações. Apresentaremos apenas uma delas que não tivessem vinculação excessiva com a linguagem Python e cuja lógica permitisse sua implementação em outras linguagens.

10.6.1 Bubble Sort

É um algoritmo de ordenação que consiste em percorrer uma lista tomando seus elementos um a um e comparando-os com o seguinte, e caso estejam fora de ordem troca as posições.

A maioria das linguagens de programação exige 3 etapas para fazer esta troca, conhecida como *swap*. Neste modelo é necessário armazenar um valor em uma variável temporária (por exemplo temp) e depois fazer a troca de valores.

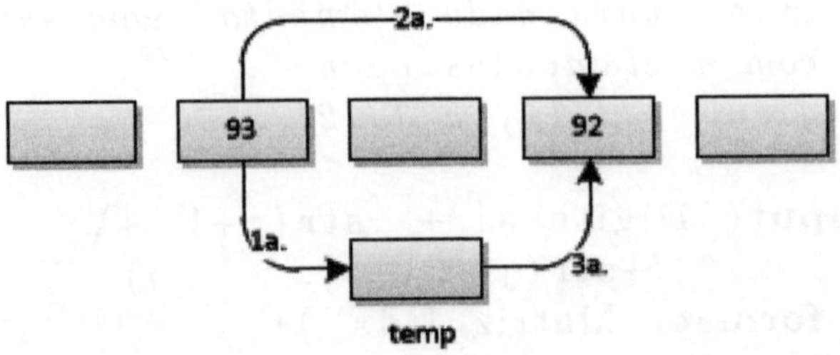

Figura 10.2: Swap em 3 etapas

O código usado é:

```
>>> lista=[5,4,3,2,1]
>>> temp=lista[0]
>>> lista[0]=lista[1]
>>> lista[1]=temp
>>> lista
[4, 5, 3, 2, 1]
```

No Python esta troca pode ser realizada simultaneamente.

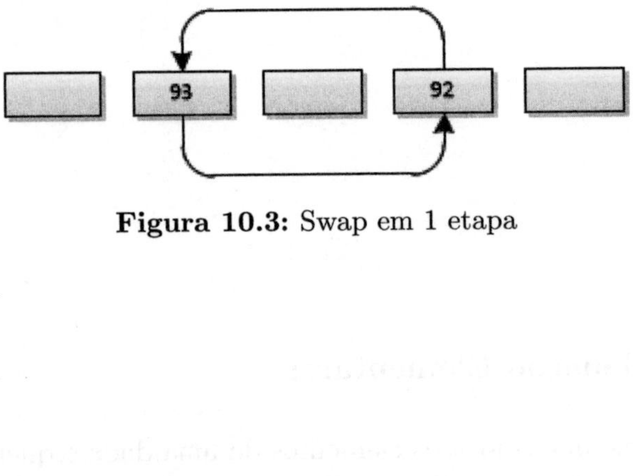

Figura 10.3: Swap em 1 etapa

O código usado é:

```
>>> lista=[5,4,3,2,1]
>>> lista[0],lista[1]=lista[1],lista[0]
>>> lista
[4, 5, 3, 2, 1]
```

Este algoritmo irá comparar o primeiro elemento com o segundo, depois o segundo com o terceiro e assim sucessivamente até que seja comparado o penúltimo com o último. Se estiver fora de ordem troca os valores de posição. Este processo irá se repetir até que não haja troca após todas as comparações. A figura a seguir mostra a primeira passada do *Bubble Sort*.

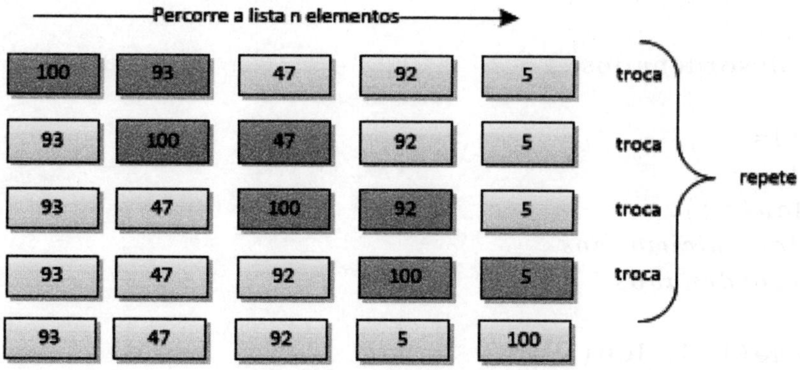

Figura 10.4: Bubble Sort

Em cada passada pela lista, o algoritmo coloca o maior valor em sua posição correta. Assim, agora existem apenas *n-1* valores a serem ordenados.
O código abaixo trata da ordenação numérica de uma quantidade indeterminada de valores reais. O final dos dados (flag) é representado por ¡enter¿ sem a digitação de dado.

```
# leitura dos valores
a=[]
while True:
    x = input('Digite um numero:  ')
    if x == '': break
    a.append(float(x))
# bubble sort
troca = True
n = en(a)-1
while n>0 and troca:
    troca = False
    for i in range(n):
        if a[i] > a[i+1]:
            a[i],a[i+1] = a[i+1],a[i]
            troca = True
    n -= 1
# imprime
print ('{:>20}'.format('\nValores ordenados\n'))
for i in a:
        print ('{:25.2f}'.format(i))
```

10.6.2 Selection Sort

É um algoritmo baseado em mover sempre o menor/maior valor para a posição desejada. Após isso, o processo de identificação do menor valor e a alocação na posição desejada se repete para todos os n-1 valores restantes. O programa a seguir trata da ordenação por Selection Sort de 20 números aleatórios.

```
from random import *
# gera 20 números inteiros aleatórios
a=[]
for i in range(20):
    x=randint(1,50)
```

```
    a.append(x)
print ('Valores desordenados')
for i in a:
    print (i, end='  ')
# Selection Sort
for i in range(len(a)):
    # ache o valor minimo nos
    # valores desordenados
    min_idx = i
    for j in range(i+1, len(a)):
        if a[min_idx] > a[j]:
            min_idx = j
    # troque o valor minimo com o
    # primeiro elemento
    a[i], a[min_idx] = a[min_idx], a[i]
print ('\nValores ordenados')
for i in a:
    print (i, end='  ')
```

10.7 Algoritmos de Busca Elementares

Algoritmos de busca verificam se uma dada informação ocorre em uma sequência ou não.

10.7.1 Busca Sequencial

Na busca sequencial percorre-se a lista do primeiro ao último elemento perguntando se é o valor procurado ou não. Esta busca se encerra quando se encontra o valor procurado ou ao final da lista sem ter encontrado.

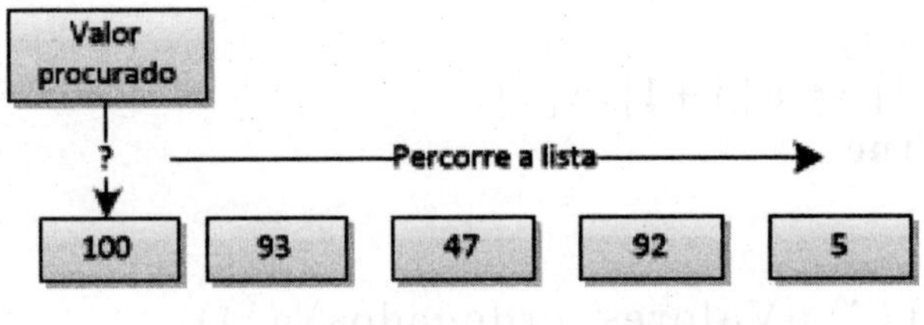

Figura 10.5: Busca sequencial

O programa a seguir trata da busca sequencial em uma lista com uma quantidade indeterminada de nomes.

```
l=[]
while True:
    nome=input('nome ')
    if nome=='':break
    l.append(nome)
nproc=input('Nome a procurar ')
k=0
while True and k<len(l):
    if l[k] == nproc:
        break
```

```
    k +=1
if k==len(l):
    print ('nome {:1s} nao encontrado'.format(nproc))
else:
    print ('nome {:1s}  encontrado'.format(nproc))
```

10.7.2 Busca Binária

A Pesquisa ou Busca Binária é um algoritmo de busca em vetores que segue o paradigma de divisão e conquista. Ela parte do pressuposto de que o vetor está ordenado e realiza sucessivas divisões do espaço de busca comparando o elemento buscado (chave) com o elemento no meio do vetor. Se o elemento do meio do vetor for a chave, a busca termina com sucesso. Caso contrário, se o elemento do meio vier antes do elemento buscado, então a busca continua na metade posterior do vetor. E finalmente, se o elemento do meio vier depois da chave, a busca continua na metade anterior do vetor.
A figura a seguir mostra a busca binária de um nome em uma lista com 6 nomes.

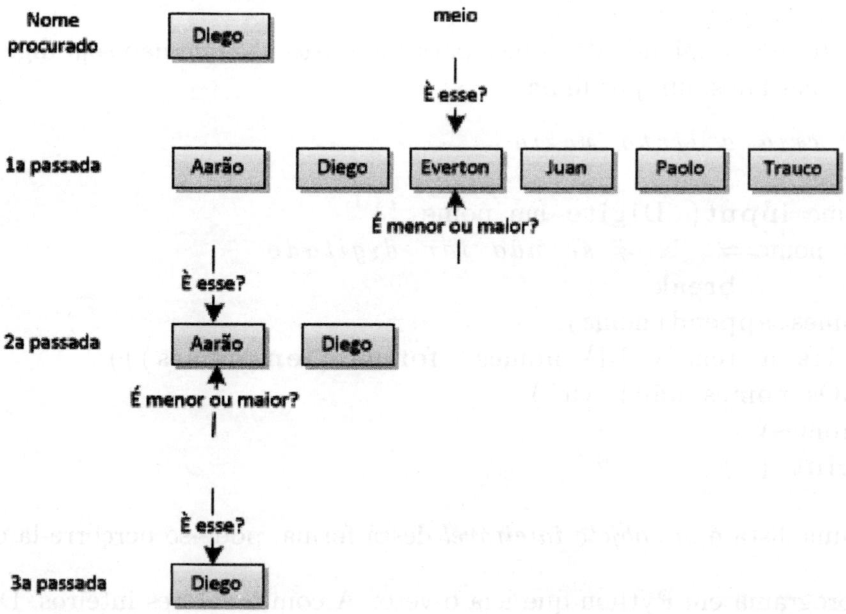

Figura 10.6: Busca Binária

Implementando o algoritmo para n nomes:

```
nome=[]
n = int( input('Digite a quantidade de nomes '))
for i in range(n):
    x =  input('Nome: ')
    nome.append(x)
#ordena os nomes
nome.sort()
# le nome a procurar
nomep =  input('Nome a procurar: ')
inicio = 0
fim = len(nome) - 1
achei = False
```

```
while inicio <= fim :
    meio = (inicio + fim)//2 # divisao inteira
    if nome[meio] == nomep:
        achei = True
        break
    elif nomep > nome[meio]:
        inicio = meio + 1
    else:
        fim = meio - 1
if achei:
    print ('achei')
else:
    print ('nao achei')
```

10.8 Exercícios Resolvidos

1. Ler um conjunto indeterminado de nomes para uma lista até que não seja digitado nenhum nome. Imprimir os nomes lidos, um por linha.

```
nomes=[] # cria a lista vazia
while True:
        nome=input('Digite um nome ')
        if nome== '': # se não for digitado
                break
        nomes.append(nome)
print ('A lista tem {:3d} nomes'.format(len(nomes)))
print ('\nOs nomes são: \n')
for i in nomes:
        print (i)
```

Observe que uma lista é *um objeto inteirável* desta forma, pode-se percorrê-la com o comando for.

2. Escreva um programa em Python que leia o vetor A com 5 valores inteiros. Determine um vetor com a seguinte lei de formação: Os termos de ordem ímpar de A são multiplicados por 3. Os termos de ordem par de A são multiplicados por 2.

```
a = []
v = []

for i in range(0, 5):
        val = int( input("Entre com um valor: "))
        a.append(val)

        if((val % 2) == 0):
                v.append(val * 2)
        else:
                v.append(val * 3)

print ("Vetor A: {:2d}\nVetor V: {:2d}".format(a, v))
```

3. Escreva um programa em Python que sorteie 6 palpites para a mega sena, que consiste de valores de 1 até 60, e armazene em uma lista. Observe que não podem existir valores repetidos

```
from random import *
mega=[]
for i in range(6):
        teste=True
        while teste:
                x=randint(1,60)
                if x not in mega:
                        mega.append(x)
                        teste=False
print (mega)
```

4. Escreva um programa em Python que leia duas matrizes $m \times n$ e calcule sua soma.

```
M = int( input("Entre com o numero de linhas: "))
N = int( input("Entre com o numero de colunas: "))
m1 = [None] * M
m2 = [None] * M
m3 = [None] * M
print ("Matriz A")
for i in range(0, M):
 m1[i] = [None] * N
 for j in range(0, N):
    m1[i][j] = float( input("Entre com o elemento \
    a{:2d}{:2d}:  ".format(i + 1,j+1)))
print ("Matriz B")
for i in range(0, M):
    m2[i] = [None] * N
    m3[i] = [None] * N
    for j in range(0, N):
            m2[i][j] = float( input("Entre com o elemento \
            b{0}{1}:".format(i + 1,j+1)))
            m3[i][j] = m1[i][j] + m2[i][j]
print ("Soma das matrizes A e B:")
for i in m3:
    print (i)
```

5. Escreva um programa em Python que leia uma palavra e embaralhe suas letras.

```
from random import *
nome= input('Nome: ')
lista=[]
for i in nome:
        lista.append(i)
# cada letra é um elemento da lista
shuffle(lista)
nomee=''
for i in lista:
        nomee+=i
print ('Nome embaralhado --> {:20s}'.format(nomee))
```

6. Um programa divertido é construir um tradutor "tosco" Português/Inglês. Nele cadastram-se palavras em Português e o equivalente em Inglês até que seja pressionada a tecla <enter>. Lê-se uma frase e procura-se palavra a palavra no dicionário em Português e monta-se outra frase com a tradução. Caso a palavra não existe é colocado **** em seu lugar.

```
dport=[]
ding=[]
#criação do cadastro
print("Cadastro Portugês/Ingles")
while True:
        p=input('Digite uma palavra em portugues ')
        if p== '':break
        dport.append(p)
        i = input('Digite a tradução em Ingles ')
        ding.append(i)
# le frase a traduzir
frase=input('Digite a frase ')
frasep=frase.split()
#Traduz
fraset=''
for i in frasep:
        try: # em caso de erro
                k= dport.index(i)
                fraset+=ding[k]+'  '
        except:
                # se a palavra não existir
                fraset += ' *** '
print("Frase em portugês {:1s}".format(frase))
print("Frase traduzida {:1s}".format(fraset))
```

10.9 Para Saber Mais

```
>>> help('list')
```

Para trabalhar com matrizes e vetores recomendamos a consulta ao Capítulo Numpy.

CAPÍTULO 11

Conjuntos

11.1 Introdução

Um conjunto é um agrupamento sem noção de sequência, sem elementos repetidos e imutáveis. **Sets** são estruturas de dados do tipo conjunto.
Ao transformarmos qualquer tipo composto de dados em um set, eliminamos toda e qualquer repetição de integrantes. O construtor da classe set é o comando set(coleção). Observe o exemplo:

```
>>> a=[1,1,2,2,3,3,3,4,5]
>>> b=set(a)
>>> b
{1, 2, 3, 4, 5}
```

Observe que b é um conjunto com os elementos de a sem repetição de valores. É importante sempre lembrar dos conjuntos por suas duas principais características:

- Os elementos **não** são armazenados em uma ordem específica;
- Conjuntos **não** contêm elementos repetidos.

11.2 Métodos dos Conjuntos

11.2.1 union

O método union(b) retorna a união entre os dois conjuntos(sets).

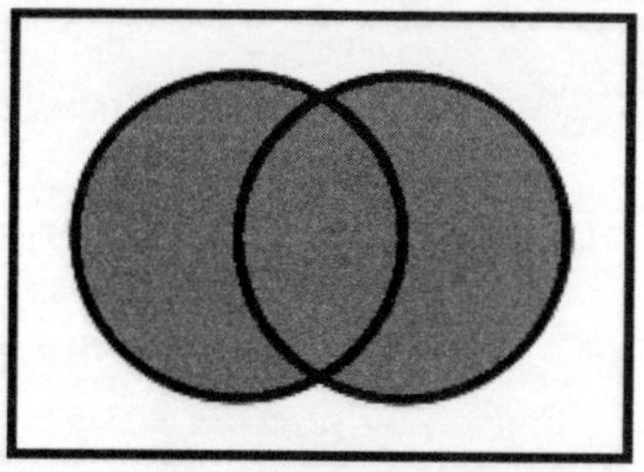

Figura 11.1: a ∪ b

Exemplo:

```
>>> a=[1,1,1,2,2,3,3]
>>> a=set(a)
>>> b=[2,2,2,3,3,4,4,4]
>>> b=set(b)
```

```
>>> c=a.union(b)
>>> c
{1, 2, 3, 4}
```

Observe que o método uniu os dois conjuntos sem repetição.

11.2.2 intersection

O método intersection(b) retorna um conjunto correspondente à interseção dos dois conjuntos apresentados, ou seja, os elementos comuns a duas listas.

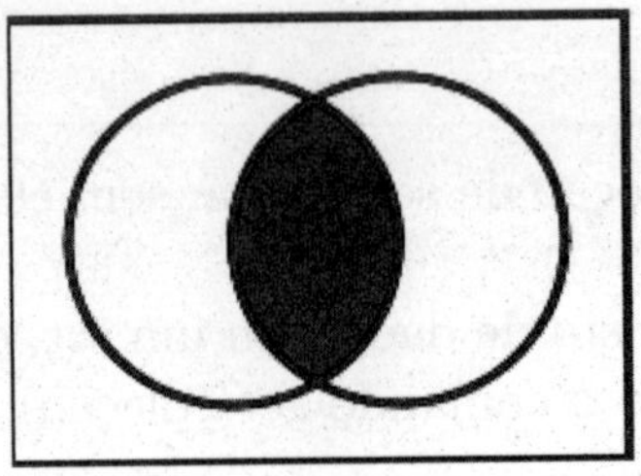

Figura 11.2: a ∩ b

Exemplo:

```
>>> a=[1,1,1,2,2,3,3]
>>> a=set(a)
>>> b=[2,2,2,3,3,4,4,4]
>>> b=set(b)
>>> c=a.intersection(b)
>>> c
{2, 3}
```

11.2.3 difference

O método difference(b) retira todos os elementos comuns a ambos os conjuntos, ou seja, retorna somente os elementos de a que não estão em b.

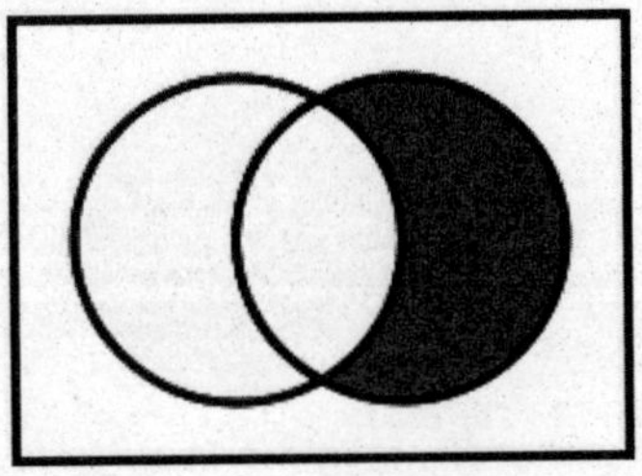

Figura 11.3: a \b

Exemplo:

```
>>> a=[1,1,1,2,2,3,3]
>>> a=set(a)
>>> b=[2,2,2,3,3,4,4,4]
>>> b=set(b)
```

```
>>> c=a.difference(b)
>>> c
{1}
```

11.2.4 symmetric_difference

O método symmetric_difference(b) retorna a diferença simétrica entre os dois conjuntos, ou seja, retorna todos os elementos (de ambos os conjuntos a e b) que pertencem a somente um dos conjuntos.

.

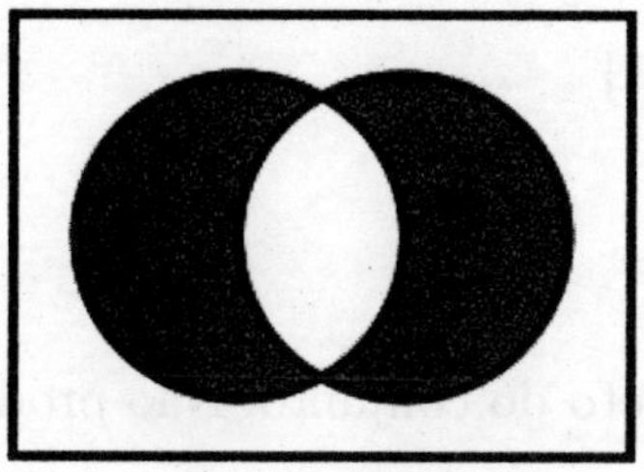

Figura 11.4: diferença simétrica

Exemplo:

```
>>> a=[1,1,1,2,2,3,3]
>>> a=set(a)
>>> b=[2,2,2,3,3,4,4,4]
>>> b=set(b)
>>> c=a.symmetric_difference(b)
>>> c
{1, 4}
```

11.2.5 add

O método add(b) adiciona um objeto ao conjunto. Caso o objeto já exista no conjunto, nada será feito.

```
>>> a = set([])
>> a
set([])
>>> a.add(11)
>>> a
set([11])
```

11.2.6 copy

O método a.copy() retorna uma cópia do conjunto. Este método evita problemas como aqueles apresentados em listas. Não tem nenhum efeito caso o elemento a ser adicionado já esteja presente.

```
>>> a = 'python'
>>> a = set(a)
>>> c = a
```

```
>>> b = a.copy()
>>> a is c
True
>>> a is b
False
>>> a.add('Z')
>>> a
{'p', 't', 'n', 'o', 'h', 'Z', 'y'}
>>> c
{'p', 't', 'n', 'o', 'h', 'Z', 'y'}
>>> b
{'p', 't', 'h', 'n', 'o', 'y'}
```

11.2.7 discard

O método a.discard(x) descarta um objeto do conjunto. Não produz mensagem de erro caso o objeto não exista.

```
>>> a = 'python'
>>> a = set(a)
>>> a.discard('y')
>>> a
set(['h', 'o', 'n', 'p', 't'])
```

11.2.8 Funções max, min, sorted e o comando in

As funções max, min e o comando in funcionam de forma análoga à classe list. A função sorted retorna uma lista ordenada dos objetos contidos no set.

```
>>> a = set('python')
>>> a
{'p', 't', 'n', 'o', 'h', 'y'}
>>> l = sorted(a)
>>> l
['h', 'n', 'o', 'p', 't', 'y']
>>> type(l)
<class 'list'>
```

11.3 Exercícios Resolvidos

1. Escreva um programa em Python que gere duas listas com 20 elementos e imprima cada uma das duas listas e os termos que pertencem às duas simultaneamente. O tamanho das listas não deve superar 100.

```
from random import *
a=[]
b=[]
#gera uma lista de até 20 numeros aleatórios
for i in range(randint(1,20)):
```

```
        # gera valores entre 1 e 100
        a.append(randint(1,100))
shuffle(a)
a=set(a)
for i in range(randint(1,20)):
        # gera valores entre 1 e 100
        b.append(randint(1,100))
shuffle(b)
b=set(b)
c=a.intersection(b)
print ("Lista A:\n{}\n".format(a))
print ("Lista B:\n{}\n".format(b))
print ("Tamanho de A: {}\nTamanho de B: {}\n".\
    format(len(a), len(b)))
print ("Interseção de A com B:{}".format(c))
```

2. Escreva um programa em Python que gere duas listas de tamanhos com 20 elementos e imprima cada uma das duas listas e os termos que pertencem a uma mas não pertencem a outra. O tamanho das listas não deve superar 100.

```
from random import *
a=[]
b=[]
#gera uma lista de até 20 numeros aleatórios
for i in range(randint(1,20)):
        # gera valores entre 1 e 100
        a.append(randint(1,100))
shuffle(a)
for i in range(randint(1,20)):
        # gera valores entre 1 e 100
        b.append(randint(1,100))
shuffle(b)
print ("Lista A:\n{0}\n".format(a))
print ("Lista B:\n{0}\n".format(b))
print ("Tamanho de A: {0}\nTamanho de B: {1}\n".\
    format(len(a), len(b)))
print ("Termos unicos de A:\n{0}\n".\
    format(set(a).difference(set(b))))
print ("Termos unicos de B:\n{0}\n".\
    format(set(b).difference(set(a))))
```

3. Escreva um programa em Python que gere duas listas de tamanhos aleatórios e imprima cada uma das duas listas e a diferença simétrica entre elas. O tamanho das listas não deve superar 100.

```
from random import *
a=[]
b=[]
#gera uma lista de até 20 numeros aleatórios
for i in range(randint(1,20)):
        # gera valores entre 1 e 100
        a.append(randint(1,100))
```

```
a=set(a)
for i in range(randint(1,20)):
        # gera valores entre 1 e 100
        b.append(randint(1,100))
b=set(b)
c=a.symmetric_difference(b)
print ("Lista A:\n{}\n".format(a))
print ("Lista B:\n{}\n".format(b))
print ("Tamanho de A: {}\nTamanho de B: {}\n".\
    format(len(a), len(b)))
print ("Diferença simetrica de A com B:{}".\
    format(c))
```

4. Escreva um programa que leia uma frase e imprima quantas vezes cada letra aparece nesta frase.

```
frase = input("Entre com a frase: ")
letras = set(frase)
letras = sorted(letras)
for i in letras:
    print('Letra', i, '—>', frase.count(i), 'vezes')
```

Um exemplo de entrada e saída.

```
Entre com a frase: inconstitucionalisticamente
Letra a —> 2 vezes
Letra c —> 3 vezes
Letra e —> 2 vezes
Letra i —> 5 vezes
Letra l —> 1 vezes
Letra m —> 1 vezes
Letra n —> 4 vezes
Letra o —> 2 vezes
Letra s —> 2 vezes
Letra t —> 4 vezes
Letra u —> 1 vezes
```

11.4 Para Saber Mais

Para saber mais consulte o site https://www.programiz.com/python-programming/set

Capítulo 12

Tuplas e Dicionários

12.1 Tuplas

12.1.1 Tuplas () X Listas []

Uma tupla é um tipo de estrutura de dados similar à lista, com algumas diferenças, como: listas são representadas por colchetes ([]), e os seus elementos e tamanho podem ser alterados, enquanto tuplas são representadas entre parênteses (()) e seus elementos não podem ser modificados[1]. Tuplas podem ser tratadas como listas de somente leitura, incorporando, inclusive, muitos dos métodos existentes nas listas.

12.1.2 Tuplas como registros

Tuplas podem ter aplicações interessantes, por exemplo, na forma de registros. O código a seguir mostra exemplos de tuplas utilizadas como registros.

```
>>> rio_dados = ('Rio de Janeiro', 'RJ')
>>> # Não é necessário o uso de parênteses
>>> sp_dados = 'Sao Paulo', 'SP'
>>> rio_dados
('Rio de Janeiro', 'RJ')
>>> sp_dados
('Sao Paulo', 'SP')
>>> estados = sp_dados, rio_dados
>>> estados
(('Sao Paulo', 'SP'), ('Rio de Janeiro', 'RJ'))
>>> # impressão dos estados ordenados
>>> # Quando se aplica o metodo sorted, a tupla é transformada
>>> # em lista
>>> for estado in sorted(estados):
        print ('Estado: \%s - Sigla: \%s' \% estado)

Estado: Rio de Janeiro - Sigla: RJ
Estado: Sao Paulo - Sigla: SP
>>> for _, codigo in estados:
        print(codigo)

SP
RJ
```

[1]Veremos neste capítulo que existem exceções a esta regra, especialmente quando um objeto da tupla é outra estrutura sequencial, como listas, conjuntos ou dicionários.

Uma outra aplicação interessante é a utilização do operador * para capturar excedentes. Observe o código a seguir.

```
>>> a, *resto, b = range(4)
>>> a, resto, b
(0, [1, 2], 3)
```

12.1.3 Usando tuplas em conjunto com o comando print

No próximo exemplo vamos colocar o IDH dos estados e imprimir os dados ordenados pelo IDH

```
>>> sp_dados = sp_dados, .85
>>> sp_dados
(('Sao Paulo', 'SP'), 0.85)
>>> sp_dados = sp_dados[1], sp_dados[0]
>>> sp_dados
(0.85, ('Sao Paulo', 'SP'))
>>> rio_dados = .80, rio_dados
>>> rio_dados
(0.8, ('Rio de Janeiro', 'RJ'))
>>> fmt = '{:7.2f} | {:^15} | {:^8}'
>>> for idh, (nome, codigo) in sorted(estados):
        print(fmt.format(idh, nome, codigo))


   0.80 | Rio de Janeiro  |    RJ
   0.85 |    Sao Paulo    |    SP
```

12.1.4 Métodos da classe tupla

As tuplas apresentam alguns dos métodos da classe list, como concatenação, count, index, len e outros.

```
>>> from random import randint
>>> tupla = tuple()
>>> len(tupla)
0
>>> for i in range(5):
        tupla += (randint(1,10),)

>>> tupla
(6, 10, 9, 1, 8)

>>> # ao se aplicar o metodo sorted,
>>> # a tupla se transforma em lista
>>> sorted(tupla)
[1, 6, 8, 9, 10]
```

12.1.5 Troca de valores de variáveis utilizando tuplas

Por fim, é imperativo destacar uma das formas mais interessantes da utilização de tuplas, que é a troca de valores de variáveis sem utilizar uma variável auxiliar.

```
>>> a, b = 1, 'texto'
>>> a, b
(1, 'texto')
>>> a, b = b, a
>>> a, b
('texto', 1)
>>> a
'texto'
>>> b
1
>>>
```

12.1.6 Serão as tuplas rigidamente imutáveis?

Veja o código a seguir

```
>>> a = (1, 2, [3,4,5])
>>> a[0]=None
Traceback (most recent call last):
  File "<pyshell#7>", line 1, in <module>
    a[0]=None
TypeError: 'tuple' object does not support item assignment
>>> a[2][1] = 'quatro'
>>> a
(1, 2, [3, 'quatro', 5])
>>> a[2].append('seis')
>>> a
(1, 2, [3, 'quatro', 5, 'seis'])
>>> b = (1,2,{})
>>> b[2]['tupla'] = 'imutavel'
>>> b
(1, 2, {'tupla': 'imutavel'})
```

Veja que as tuplas **não** são rigidamente imutáveis. Quando um elemento da tupla for um tipo de sequência (listas, conjuntos, dicionários, etc.) é possível modificar o valor do elemento da tupla.

12.2 Dicionários

Dicionários são estruturas de dados que nos permitem recuperar valores baseados exclusivamente em suas chaves. É uma estrutura de dados mais amigável para o programador. Tome, por exemplo, os dados de uma pessoa, como nome, profissão, país de origem, CPF, telefone e idade. Todos estes dados seriam armazenados de forma mais próxima ao usuário normal.

Dicionários são declarados entre chaves e utiliza-se dois pontos ":"para separar as chaves de seus respectivos valores. A chave é a informação que se deseja buscar, como o nome de uma pessoa "'João da Silva"' e o valor seria sua profissão "'Advogado"'.

12.2.1 Criação de dicionários vazios

Como nos outros exemplos de estruturas de dados, é possível criar dicionários de diversas formas. Pode-se criar um dicionário vazio das seguintes formas:

```
>>> a = dict()
>>> b = {}
>>> type(a)
<class 'dict'>
>>> type(b)
<class 'dict'>
>>> a
{}
>>> b
{}
>>> # o tamanho de um dicionário vazio é igual a 0
>>> len(b)
0
```

12.2.2 Inserindo e atualizando dados em dicionários

Podemos criar um dicionário já com dados, como é feito, por exemplo, nas listas. Note o exemplo abaixo:

```
>>> d = {
        'Nome': 'João da Silva',
        'País': 'Brasil', # Com acento mesmo
        'Profissão': 'Advogado', # Com acento mesmo
        'CPF': '222.222.222-22',
        'Idade': 60
        }
>>> type(d)
<class 'dict'>
>>> print(d['Nome'], d['Profissão'])
João da Silva Advogado
>>>
>>> # o tamanho de um dicionário é igual ao numero de chaves
>>> len(d)
5
```

Quando as chaves são somente strings, pode-se declará-las de forma mais simples:

```
>>> D = dict(Nome='João da Silva', País='Brasil', Profissão='Advogado')
>>> D
{'Profissão': 'Advogado', 'Nome': 'João da Silva', 'País': 'Brasil'}
>>>
```

Todas estas 5 formas de criação de dicionários são equivalentes:

```
>>> A = dict(um=1, dois=2)
>>> B = {'um':1, 'dois':2}
>>> C = dict([('um',1),('dois',2)])
>>> D = dict([['um',1],['dois',2]])
```

```
>>> E = dict(zip(['um', 'dois'],[1, 2]))
>>> A == B == C == D == E
True
```

Digamos que queiramos atualizar a idade de d (João) e inserir a lista dos nomes dos filhos que João possui. Para tanto, bastaria dar os seguintes comandos:

```
>>> d['Idade'] += 1
>>> d['Filhos'] = ['Pedro', 'Igor']
```

12.2.3 Chaves, Valores e Itens

Como exposto anteriormente, um dicionário é composto de chaves (keys) e valores (values) e cada combinação chave-valor (keys-values) é denominada item. Chaves e valores podem ser de qualquer tipo de dados (inteiros, reais, complexos, strings, listas e até mesmo outros dicionários). A única restrição é que existe apenas uma única chave, mas podem existir valores iguais para chaves distintas.

```
>>> d.keys()
dict_keys(['Profissão', 'Nome', 'País', 'CPF', 'Idade', 'Filhos'])
>>> type(d.keys())
<class 'dict_keys'>
>>> d.values()
dict_values(['Advogado', 'João da Silva', 'Brasil',\
 '222.222.222-22', 61, ['Pedro', 'Igor']])
>>> type(d.values())
<class 'dict_values'>
>>> d.items()
dict_items([('Profissão', 'Advogado'), ('Nome', 'João da Silva'),\
 ('País', 'Brasil'), ('CPF', '222.222.222-22'),\
 ('Idade', 61), ('Filhos', ['Pedro', 'Igor'])])
>>> type(d.items())
<class 'dict_items'>
>>>
```

12.2.4 Interações sobre os dados de um dicionário

Os dados que possuem as chaves, valores e itens de um dicionário comportam-se de forma semelhante às listas, sendo possível fazer interações sobre eles.

```
>>> for dado in d.items():
        print(dado)


('Profissão', 'Advogado')
('Nome', 'João da Silva')
('País', 'Brasil')
('CPF', '222.222.222-22')
('Idade', 61)
('Filhos', ['Pedro', 'Igor'])
>>> for valor in d.values():
```

```
        print(valor, '—>', type(valor))


Advogado —> <class 'str'>
João da Silva —> <class 'str'>
Brasil —> <class 'str'>
222.222.222-22 —> <class 'str'>
61 —> <class 'int'>
['Pedro', 'Igor'] —> <class 'list'>
>>> for chave, valor in d.items():
        print(chave, ": ", valor)


Profissão : Advogado
Nome : João da Silva
País : Brasil
CPF : 222.222.222-22
Idade : 61
Filhos : ['Pedro', 'Igor']
>>>
```

Perceba que a ordem do nosso dicionário *d* original (Nome, País, Profissão, etc.) foi modificado pelo Python (Profissão, Nome, País, etc.). É importante ressaltar que as chaves de um dicionário por serem de qualquer tipo de dados, inteiro, real, complexos, listas, um outro dicionário, enfim, qualquer valor único.

12.2.5 Cópias de dicionários

Considere o código a seguir:

```
>>> e = d
>>> d['Profissão'], e['Profissão']
>>> ('Advogado', 'Advogado')
>>> d['Profissão'] = 'Médico'
>>> d['Profissão'], e['Profissão']
>>> ('Médico', 'Médico')
```

Vê-se que a simples atribuição do dicionário faz o mesmo se comportar como atribuições em listas, ou seja, modificações em *d* se refletem em *e*. Para evitar este transtorno se usa o método *copy*().

```
>>> e = d.copy()
>>> d['Idade'], e['Idade']
(61, 61)
>>> d['Idade'] *= 2
>>> d['Idade'], e['Idade']
(122, 61)
>>>
```

12.2.6 Excluindo chaves e verificando se determinada chave existe

Pode-se excluir uma chave por meio do comando del dicionario[chave] ou dicionario.pop(chave). No caso de dicionario.pop(chave) ele ainda retornará o valor relacionado à chave a ser excluída. Caso a chave não exista, irá disparar uma mensagem de erro *KeyError*. Para evitar esta mensagem, pode-se verificar se a chave se encontra em dicionario.keys() analisado anteriormente ou usar dicionario.pop(chave, mensagem), onde o método irá retornar o valor de mensagem caso não encontrar a chave.

```
>>> d.keys()
dict_keys(['Nome', 'País', 'Profissão', 'CPF', 'Idade', 'Filhos'])
>>> del d['Time']
Traceback (most recent call last):
  File "<pyshell#7>", line 1, in <module>
    del d['Time']
KeyError: 'Time'
>>> d.pop('Time')
Traceback (most recent call last):
  File "<pyshell#8>", line 1, in <module>
    d.pop('Time')
KeyError: 'Time'
>>> d.pop('Time', 'Não há a chave \'Time\'')
"Não há a chave 'Time'"
>>> del d['Profissão']
>>> d.pop('CPF', "Não há a chave \'CPF\'") # Obs: a chave existe
'222.222.222-22'
>>> d.keys()
dict_keys(['Nome', 'País', 'Idade', 'Filhos'])
>>> if 'País' in d.keys():
        del d['País']


>>> d.keys()
dict_keys(['Nome', 'Idade', 'Filhos'])
>>> len(d) # O tamanho de um dicionario é igual
# a quantidade de chaves
3
```

12.2.7 Apagando um dicionário

Para apagar um dicionário basta dar o comando dicionario.clear() ou declarar novamente o mesmo dicionário.

```
>>> len(d)
3
>>> d.clear() # equivalente a d = {}
>>> len(d)
0
```

12.3 Exercícios Resolvidos

1. Escreva um programa em Python que transforme uma lista em uma tupla.

```
import random
```

```
a = list(range(1, 20))
random.shuffle(a)
a = tuple(a)
print a
```

2. Escreva um programa em Python que transforme uma lista em dicionário, imprima este dicionário e depois transforme este dicionário em lista novamente.

```
a = [[1,2],[3,4],[5,6]]
d = dict(a)
print(d)
a = []
for chave, valor in d.items():
    a.append([chave, valor])
print(a)
```

3. Escreva um programa em Python que faça a concatenação (merge) de duas tuplas de 20 valores cada uma.

```
import random
a = list(range(0, 20))
b = list(range(0, 20))
random.shuffle(a)
random.shuffle(b)
a = tuple(a)
b = tuple(b)
a += b
print(a)
```

4. Gere uma string com 100 caracteres de valores de 'A' até 'Z' e depois mostre a frequência de cada caractere maior ou igual a 1.

```
from random import randint

string = ''
dic = {}

for i in range(100):
    c = chr(randint(ord('A'), ord('Z')))
    if c in dic: # Poderia também usar if c in dic.keys():
        dic[c] += 1
    else:
        dic[c] = 1
    string += c

print(string)

#perceba que o dicionario não está ordenado
print(dic)

#vamos transfomá-lo em uma lista
```

```
lista = []

for chave, valor in dic.items():
    lista.append([valor, chave])

for qtde, letra in reversed(sorted(lista)):
    print(letra, '—>', qtde)

# este programa pode ser aprimorado.
# No caso, por exemplo, de haver 5 ocorrências de A e J
# a saída mostra primeiro J e depois A
# deixamos a correção para o leitor
```

5. Gere uma string aleatória de 1000 caracteres composta de vogais e espaços e depois mostre a frequência de palavras formadas.

```
from random import randint

string = ''
dic = {}

letras_seq = " AEIOU"

print(len(letras_seq))

for i in range(1000):
    string += letras_seq[randint(0,5)]

print(string)

lista = string.split()

for i in lista:
    if i in dic: # Poderia simplificar para if i in dic:
        dic[i] += 1
    else:
        dic[i] = 1

#perceba que o dicionario não está ordenado
print(dic)

#vamos transformá-lo em uma lista
lista = []

for chave, valor in dic.items():
    lista.append([valor, chave])

lista = reversed(sorted(lista))

for qtde, chave in lista:
```

```
        print(qtde, '-->', chave)
```

12.4 Para Saber Mais

Para saber mais sobre tuplas e dicionários.

```
>>> help(tuple)
>>> help(dict)
```

Acessando a documentação do Python sobre tuplas e dicionários:
https://docs.python.org/3/tutorial/datastructures.html.

Capítulo 13

Funções

13.1 Introdução

Para facilitar a criação, manutenção e especialmente a correção dos programas, ao invés de criarmos uma sequência única de comandos, um após o outro, podemos dividir o programa em sub-rotinas, funções ou genericamente MÓDULOS. As funções podem ser definidas como trechos de código com uma função específica, como em uma linha de montagem industrial, a melhor forma de construir grandes programas e segmentá-los em pedaços. Cada função de um programa deve ser bem definido e interagir com outras funções de forma simples (acoplamento).

Dentre as principais características de um módulo temos:

- Uma função deve ter um PROPÓSITO ÚNICO;
- Uma função deve representar uma OPERAÇÃO COMPLETA;
- Se necessário, uma função pode ser também segmentada em outras funções menores, e assim por diante, em refinamentos sucessivos.

13.2 Definindo funções

Um módulo possui um nome, através do qual deve ser chamado para o início da sua execução (chamada de ativação). Mais especificamente, uma função é uma porção do código que pode receber argumentos de entrada e saída, realizando procedimentos e retornando ou não um valor.

```
def nome da função (arg1 ,arg2 ,arg3 ):
        '''documetação da função'''
        comando 1
        comando 2
        ...
        return arg4 ,arg5
```

O comando *def* define a função;

arg1,arg2,arg3 são valores armazenados em variáveis que são os argumentos de entrada e arg4,arg5 junto ao comando return são os argumentos de saída. Não é obrigatório existirem argumentos de entrada e saída. Se o comando return não tiver nenhum argumento, retorna None. Observe que todos as instruções da função ficam indentadas em relação ao comando *def*

Exemplo:

```
def soma(a,b):
        s=a+b
        return s
```

A função denominada soma recebe dois argumentos denominados a e b. Calcula a soma deles e retorna ao programa principal o seu valor.

13.3 Chamando funções

Para executarmos a função devemos invocar (colocar) seu nome com os parâmetros preestabelecidos. No exemplo a seguir vamos ler dois valores e invocar a função soma.

```
def soma(a,b):
  s=a+b
  return s
a=float(input('Digite um valor: '))
b=float(input('Digite outro valor: '))
s=soma(a,b)
print ('Soma = {:5.2f}'.format(s))
```

Irá resultar em:

```
Digite um valor: 2
Digite outro valor: 3
Soma =  5.00
```

Ao chamarmos a função pode-se alterar o nome dos argumentos (agora chamados de parâmetros) naquilo que é denominado parâmetro real. Por exemplo:

```
def soma(a,b):
    s=a+b
    return s
x=float(input('Digite um valor: '))
y=float(input('Digite outro valor: '))
somadosvalores=soma(x,y)
print ('Soma = {:5.2f}'.format(somadosvalores))
```

Agora chamamos o primeiro parâmetro de x e o segundo de y. A soma dos valores chamamos de somadosvalores. Se uma função define n argumentos, a sua chamada deve incluir valores para todos eles

```
def calc(a,b):
        s=a+b
        m=a*b
        return s,m
x=float(input('Digite o primeiro valor '))
y=float(input('Digite o segundo vlor '))
r,t=calc(x,y)
print ('Soma {:5.2f}'.format(r))
print ('Multiplicação {:5.2f}'.format(t))
```

Neste caso a tupla r,t recebe os valores da soma e da multiplicação respectivamente.

13.4 Esquema de funcionamento

Observe abaixo o esquema resumido do funcionamento de um programa através de funções:

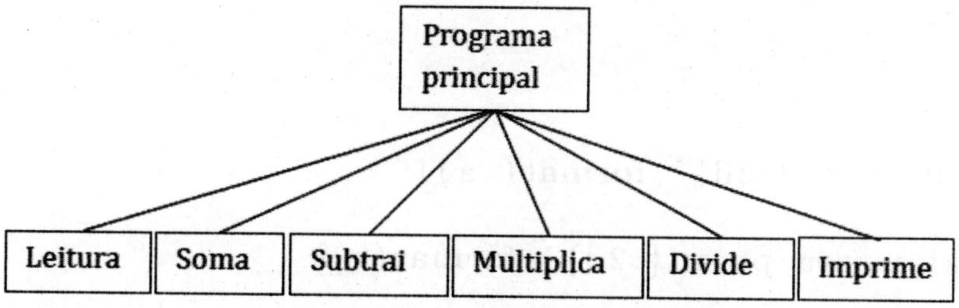

Figura 13.1: diagrama do programa

As vantagens de se dividir um programa em funções são as seguintes:

- Simplificação do código - torna o programa mais legível e organizado.
- Reutilização do código - ao invés de reescrever o mesmo código várias vezes, utilizamos uma função para executar o mesmo código várias vezes.
- Facilidade de manutenção - A localização e correção de um erro fica mais fácil

13.5 O Conceito de Variável Global e Variável Local

Quando uma atribuição é feita dentro de uma função, por padrão o Python criará uma variável dentro do escopo local da função, desse modo não será possível acessar a variável de fora dela. Após o término da execução da função as variáveis serão destruídas.

As variáveis globais são aquelas que podem ser acessadas em qualquer área, ou seja, aquelas que não estão dentro de um escopo local. Dessa forma, exemplos de variáveis globais são todas as variáveis criadas até o presente momento.

Segue um exemplo especificando as variáveis locais e globais.

```
def soma (a,b):
        '''função simples para retornar
       a soma de dois termos'''
       c = a + b #a, b, c são variáveis locais
       return c #retornando o valor da soma
# programa principal
e = float( input("Entre com o primeiro valor"))
f = float( input("Entre com o segundo valor"))
d = soma(e,f)
#a = e, b = f valor retornado atribuido à variável d
print ("sua soma é {:5.2f}".format(d))
```

13.6 O Comando Global

Mesmo dentro de uma função pode-se transformar uma variável local em global. Para realizarmos tal tarefa utilizamos o comando global **x**, que fará com que todas as variáveis **x** abaixo dessa chamada sejam

tratadas como globais.
Exemplo:

```
def dentro():
global a
a = 5
def fora():
a = 11
print ('O valor de a é {:2d}'.format( a))
dentro()
print ('O a local mudou para {:2d}'.format(a))
fora()
print ('O a global mudou para {:2d}'.format(a))

>>>
O valor de a é 11
O a local mudou para 11
o a global mudou para 5
```

Como podemos notar, o comando global não alterou o valor dentro da função **fora**, permanecendo o valor 11, contudo dentro do escopo global a variável a passou a existir com o valor 5, conforme foi definido na função **dentro**.

13.7 Escopo

Por definição, refere-se à região do código onde as variáveis são diretamente acessíveis. Durante qualquer execução existem escopos internos, onde são encontradas as variáveis locais, o escopo intermediário contendo as variáveis globais e o escopo externo contendo variáveis predefinidas.

13.8 Parâmetro

Os parâmetros têm como finalidade servir como ponto de comunicação bidirecional entre a função e o programa principal, ou com uma sub-rotina hierarquicamente de nível mais alto. Os parâmetros podem ser formais ou reais.

Serão parâmetros formais quando forem declarados como argumentos de entrada de uma função, e serão tratados no escopo local da mesma forma que seriam no escopo global.

Serão parâmetros reais quando forem passados na chamada da função no escopo global.

Caso o leitor esteja meio confuso sobre esse assunto, não se desespere, pois este será exemplificado com comentários na área de criação de funções.

Existem dois tipos mais conhecidos de passagem de parâmetro que são: valor e referência.

13.8.1 Passagem de Parâmetro por Valor

A passagem por valor caracteriza-se pela não alteração do valor do parâmetro real quando o parâmetro formal é manipulado dentro da sub-rotina.
Exemplo:

```
def som(a):
        # a variável a é imutável
```

```
        # soma 1 ao valor de a
        a+=1
        return # não retorna nada
#programa principal
a=3.
som(a) # executa a função
print (a)
```

Terá como resultado:

```
3.0
```

A variável "a"foi alterada dentro da função, mas como ela é uma variável local, seu valor não foi alterado no programa principal

Em Python os objetos imutáveis (como as variáveis escalares) são passados dessa forma.

13.8.2 Passagem de Parâmetro por Referência

A passagem de parâmetro por referência caracteriza-se pela manipulação do parâmetro dentro da função que altera o valor da variável independente de onde esteja.

A alteração efetuada no parâmetro formal corresponde à alteração no parâmetro real.

Em Python não existe a passagem por referência específica, contudo ao tratarmos de objetos do tipo mutável, por razões lógicas sobre seu tipo e funcionamento, obtemos um resultado parecido com esse tipo de passagem. Observe o seguinte código:

```
def refe(a):
        # a variável 'a' é mutável pois é uma lista
        # anexa o valor 1000 a lista
        a.append(1000)
        return # não retorna nada
# programa principal
a=[1,2,3]
z=refe(a)
print (a)
```

Terá como resultado:

```
[1, 2, 3, 1000]
```

Independente da variável retornar ao programa principal seu valor foi alterado.

13.9 Atribuição Default

Em alguns casos, a entrada de dados do usuário é algo opcional, isso se dá porque o programador pode definir um valor padrão para a entrada de argumentos que será passado para a função caso não possua dados para a entrada.

def nome (argumento1=valor default 1, ... , argumento n = valor default n):
    comando ou bloco de comandos

Exemplo:

```
def teste(a = 't', b = 'e', c = 's', d = 't', e = 'e'):
        print(a, b, c, d, e)
x = 1000
teste()
teste(x)
teste(b = x, d = 1)

>>>
('t', 'e', 's', 't', 'e')
(1000, 'e', 's', 't', 'e')
('t', 1000, 's', 1, 'e')
```

13.10 Passando um Número Variável de Argumentos

A passagem de um número indefinido de argumentos sempre deverá aparecer após os argumentos conhecidos, caso a função possua.

Declara-se a passagem de um número indefinido de entradas de argumentos de uma função através do uso do símbolo *.
Observe o exemplo:

```
def teste(*a):
    print("Os parâmetros são:",a)
    print("Os parâmetros são", type(a))
    if len(a) > 0:
        print("O primeiro parâmetro é", a[0])
        print("O último parâmetro é", a[len(a)-1])
        print("A soma dos parâmetros é", sum(a))
```

A saída deste programa é:

```
Os parâmetros são: (1, 2, 3, 4, 5, 6, 7, 8, 9)
Os parâmetros são <class 'tuple'>
O primeiro parâmetro é 1
O último parâmetro é 9
A soma dos parâmetros é 45
```

13.11 Recursividade

Funções recursivas são funções que chamam a si mesmas de forma que, para resolver um problema maior, utilizam a recursão para chegar às unidades básicas do problema em questão e então calcular o resultado final. Para melhor compreensão, usaremos como exemplo a sequência de Fibonacci. Nela nós temos dois casos base: O primeiro elemento da sequência sempre é 0, assim como o segundo elemento da sequência também é sempre 1.

Temos então o caso base. Para calcular os demais, utilizamos o seguinte parâmetro: o valor "i"da sequência será o valor "i-1"da sequência somado ao valor "i-2"da sequência. Ou seja: fibonacci(i) = fibonacci(i - 1) + fibonacci(i - 2). Sendo assim, podemos recorrer à própria função para calcular o valor de um elemento da sequência. Vejamos como isto se traduz em código Python:

```
def fibonacci(num):
```

```
        if num < 2:
                return num
        else:
                return fibonacci(num - 1) + \
                fibonacci(num - 2)
```

Dessa forma, a função se torna muito mais simples de entender e legível. Porém, funções recursivas também tem seus problemas.

O primeiro problema está na repetição do cálculo do mesmo valor. Vejamos um exemplo: calcular o quinto valor da sequência.

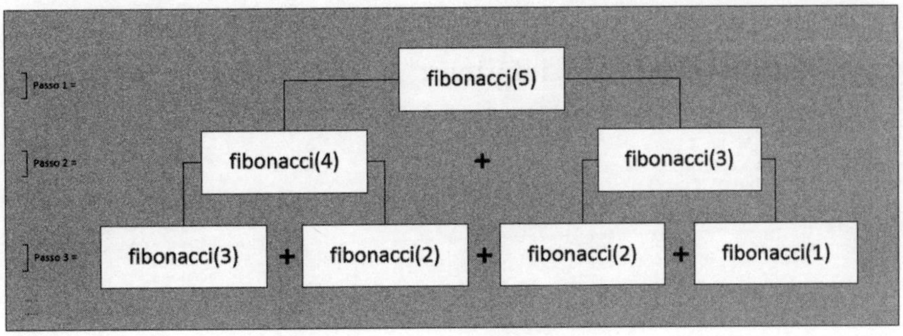

Figura 13.2: Fibonacci

Perceba que, no passo 2 precisamos calcular o fibonacci(4) e o fibonacci(3). Então, no passo 3, precisamos calcular novamente o fibonacci(3) para encontrar o valor do fibonacci(4) do passo 2.

Outro problema é que a pilha de chamadas não pode ser infinita, e alguns compiladores ou interpretadores limitam o número máximo de chamadas a funções na pilha. Exemplificando: Quando chamamos fibonacci(5), esta chamada irá chamar primeiramente fibonacci(4), sendo assim, a primeira chamada é colocada numa pilha e o controle passa para a segunda chamada. Então, fibonacci(4) chama fibonacci(3), sendo colocada também na pilha enquanto fibonacci(3) assume o controle. Agora imagine que você chamou fibonacci(1000). Quando a chamada chegar a fibonacci(2) serão 998 chamadas de função na pilha, sem contar que cada chamada ainda irá chamar uma segunda ramificação.

13.11.1 Exemplo

Fatorial:

```
def fat(num):
        if num == 0:
                return 1
        return num * fat(num - 1)
```

13.12 Exercícios Resolvidos

1. Escreva um programa em Python que calcule a soma de dois números. Seu programa deverá conter a função calcular.

```
def calcular(a,b):
    c = a + b
    return c
```

```
def le():
    a = float( input("Entre com um numero: "))
    b = float( input("Entre com outro numero: "))
    return a,b
def impr(c):
    print ('A soma é {:5.2f}'.format(c))
    return
#programa principal
x,y=le() # observe que atribuimos os valores lidos a x e y
z=calcular(x,y)
impr(z)
```

2. Escreva um programa em Python para imprimir:
1
2 2
3 3 3
.....
n n n n n n ... n
para um n informado pelo usuário. Use uma função que receba um valor n inteiro e imprima até a n-ésima linha.

```
def imprimir(n):
    for i in range(1, n + 1):
        for j in range(1, i + 1):
            print (i, end=' ')
        print()
# programa principal
n = int( input('Entre com um n: '))
imprimir(n)
```

3. Elabore um programa que contenha uma função que receba duas palavras e retorne a mensagem: é substring, caso a primeira palavra seja um prefixo da segunda. Exemplo: alex é prefixo de alexandre, mas alexandre não é prefixo de alex.

```
def  prefixo(palavra1,  palavra2):
    if len(palavra1)>len(palavra2):
        return False
    i = 0
    while  i<len(palavra1):
        if palavra1[i]!=palavra2[i]:
            return False
        i = i+1
    return True
def le():
    palavra1=input('Digite a primeira frase ')
    palavra2=input('Digite a segunda frase ')
    return palavra1,palavra2
palavra1,palavra2=le()
if prefixo(palavra1,palavra2):
    print ('e substring')
else:
```

```
    print ('nao e substring')
```

4. Elabore um programa que determine o tamanho t da maior sequência de números iguais em uma lista A. A entrada de dados é encerrada com o <enter> sem dado. Exemplo: Supor que sejam armazenados os seguintes valores para a lista A: [1,1,6,6,7,7,7,7,1,1,1], então t=4.

```
def maior_comprimento(A):
    elemento_da_sequencia = A[0]
    comprimento_atual = 1
    t = 1
    for i in range(1,len(A)):
        if A[i]==elemento_da_sequencia:
            comprimento_atual += 1
            if t<comprimento_atual:
                t = comprimento_atual
        else:
            elemento_da_sequencia = A[i]
            comprimento_atual = 1
    return t
def le():
    A=[]
    while True:
        try:
            x=input('Digite um termo ')
            if x=='':break
            A.append(int(x))
        except:
            print('Não é número ** digite novamente')
    return A
#programa principal
A=le()
print (A)
print ('o maior comprimento '+str(maior_comprimento(A)))
```

5. Escreva um programa em Python que leia uma matriz quadrada de m elementos. Determinar a diferença entre a soma dos termos da diagonal principal e a diagonal secundária.

```
def ler():
    m=int(input('Digite m '))
    a=[None]*m # cia uma lista com m elementos
    for i in range(m):
        a[i]=[None]*m # para cada elemento uma sub lista
        for j in range(m):
            a[i][j]=int(input('Digite a['+ str(i+1) +\
                        ','+str(j+1) +']  '  ))
    return a,m
def soma(a,m):
    dp=ds=0
    for i in range(0,m):
        dp+=a[i][i]
        ds+=a[m-(i+1)][i]
```

```
        s=dp-ds
        return s

    def impr(a,s,m):
        print ('\n{:*^20}\n'.format('Matriz lida'))
        for i in range(m):
            for j in range(m):
                print (str(a[i][j]).rjust(6), end = ' ')
            print()
        print('\n{:*^30}\n'.format('Diferença escalar'))
        print (('{:>10.2f}').format(s))
        return
    # programa principal
    a,m=ler()
    s=soma(a,m)
    impr(a,s,m)
```

6. Escreva um programa em Python que leia uma matriz de mxn valores reais. Usando **Bubble Sort** ordene e exiba os termos da primeira linha.

```
def ler():
    m=int(input('Digite o numero de linhas —> '))
    n=int(input('Digite o numero de colunas —> '))
    a=[None]*m # cria a lista A com m linhas
    for i in range (m):
        a[i]=[None]*n # para cada linha cria n colunas
        for j in range(n):
            try:
                a[i][j]=float(input('Digite A['+str(i+1)+\
                                    ', '+str(j+1)+' ] '))
            except:
                print('Não é numero digite novamente')
    return a,n          # somente numero colunas
def calc(a,n):
    for i in range(n-1):
        for j in range(i+1,n):
            if a[0][i]>a[0][j]:
        # se o termo i da 1a. coluna for maior que o seguinte
                a[0][i], a[0][j]= a[0][j], a[0][i]
        #troca de posição
    Sa=a[0] # cria uma nova linha ordenada
    return Sa
def impr(Sa):
    print ('\nPrimeira linha ordenada\n')
    for i in Sa: #i percorre os termos da lista
        print (str(i).rjust(10)+'  ',end= '  ')

# programa principal
a,n=ler()
```

```
Sa=calc(a,n)
impr(Sa)
```

7. Escreva um programa em Python que leia uma quantidade indeterminada de valores reais para duas listas A e B. As listas podem ter tamanhos diferentes. Verificar e exibir os valores existentes em A que não estão em B. Não pode usar conjunto (set).

```
def ler():
    m=int(input('Digite o numero de linhas --> '))
    n=int(input('Digite o numero de colunas --> '))
    a=[None]*m # cria a lista A com m linhas
    for i in range (m):
        a[i]=[None]*n # para cada linha cria n colunas
        for j in range(n):
            try:
                a[i][j]=float(input('Digite A['+str(i+1)+\
                                    ', '+str(j+1)+' ] '))
            except:
                print('Não é numero digite novamente')
    return a,n          # somente numero colunas
def calc(a,n):
    for i in range(n-1):
        for j in range(i+1,n):
            if a[0][i]>a[0][j]:
        # se o termo i da 1a. coluna for maior que o seguinte
                a[0][i], a[0][j]= a[0][j], a[0][i]
        #troca de posição
    Sa=a[0] # cria uma nova linha ordenada
    return Sa
def impr(Sa):
    print ('\nPrimeira linha ordenada\n')
    for i in Sa: #i percorre os termos da lista
        print (str(i).rjust(10)+'  ',end= '  ')

# programa principal
a,n=ler()
Sa=calc(a,n)
impr(Sa)
```

8. Crie uma função que fatore um número inteiro positivo n maior que 1 qualquer. O retorno da função deve ser uma lista cujos elementos são uma outra lista contendo todos os fatores e expoentes que fatoram n. Exemplo: fatoracao(24) deve retornar [[2,3],[3,1]] equivale a ($2^3.3^1 = 24$).

```
def fatoracao(N):
    if N < 2:
        print("O numero inteiro deve ser maior que 1")
        return []
    fat = []
    divisor = 2
    expoente = 0
```

```
    while True:
        if N % divisor == 0:
            expoente += 1
            N = N // divisor
        else:
            if expoente > 0:
                fat.append([divisor, expoente])
            divisor += 1
            expoente = 0
        if expoente > 0 and N == 1:
            fat.append([divisor, expoente])
            break
    return fat

N = int(input("Entre com o valor de N:"))

for i in fatoracao(N):
    print("fator:" ,i[0], " Expoente:", i[1])
```

Capítulo **14**

Arquivos

14.1 Conceitos básicos

Alguns conceitos básicos de Python relacionados a arquivos utilizados neste curso:

- Serão utilizados apenas arquivos do tipo "texto". Ou seja, serão gravados e lidos conjuntos de caracteres;
- Python não possui o conceito de "registro". Para isso iremos usar o artifício de gravar o arquivo no formato csv -*comma separated values*, e depois da leitura separar os valores.

14.2 Comando open

O comando open abre um arquivo para a utilização, ou seja, retorna um objeto de tipo arquivo. Esse comando é chamado da seguinte forma:

variável= open (diretório_do_arquivo,modo)
diretório_do_arquivo - string, modo - string
Esta variável passa a ser a referência do arquivo dentro do programa.
O arquivo pode ser aberto das seguintes formas:

- 'r' → Somente para leitura, valor default de abertura de arquivos.
- 'w' → Somente para escrita, caso exista qualquer tipo de conteúdo o arquivo será apagado ao ser aberto desse modo.
- 'a' → Abrir o arquivo para adição. Qualquer escrita será adicionada ao fim do arquivo.
- + após w ou r fará que o arquivo seja aberto para leitura e escrita. Por exemplo: 'w+' ou 'r+'

Podemos também abrir o arquivo com esses 3 modos em binário, basta acrescentarmos o b a um desses modos. Observe o exemplo:

```
>>> arq = open('c:\\exemplo.txt , 'wb')
```

14.3 Método close

O método close é utilizado para fechar um arquivo e liberar recursos. Vale ressaltar que qualquer tentativa de acessar o arquivo novamente resultará em falha.
Esse método normalmente não recebe argumentos e é chamado da seguinte forma:

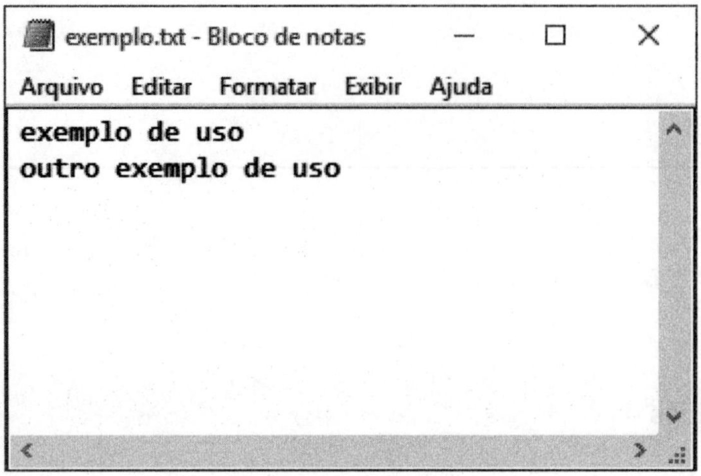

Figura 14.1: Arquivo exemplo.txt

nome_do_arquivo.close()
Observe o exemplo:

```
>>> arq = open('c:\\exemplo.txt', 'w')
>>> arq.close()
```

A notação do exemplo acima usando barra dupla invertida (c:
exemplo.txt) é para ambiente Windows. Para ambientes Linux ou iOS coloca-se o nome do arquivo usando barra (/) normal.

14.4 Método write

O método write é utilizado para escrever uma string em um arquivo. Caso não for uma string, em um modo texto, acarretará em uma mensagem de erro. Caso o arquivo for aberto como binário, o parâmetro dentro de write pode ser de qualquer tipo.

Observe os exemplos:

```
>>> arq = open('c:\\temp\\exemplo.txt', 'w')
>>> arq.write('exemplo de uso\n')
>>> algo = 'Outro exemplo de uso'
>>> arq.write(algo)
>>> arq.close()
```

O resultado desta operação pode ser observado na figura 14.1.

Podemos também acessar os dados escritos no arquivo através do Windows acessando o diretório e o arquivo especificado. Observe:

14.5 Método read

O método read é utilizado para ler uma determinada quantidade de dados. Esse método recebe um argumento opcional chamado size, ou tamanho, que caso não seja especificado será considerado como o tamanho total do arquivo. Esse argumento é importante para evitar que programadores inexperientes tentem abrir arquivos cujo conteúdo é maior do que a memória disponível no computador.
Esse comando é chamado da seguinte maneira:

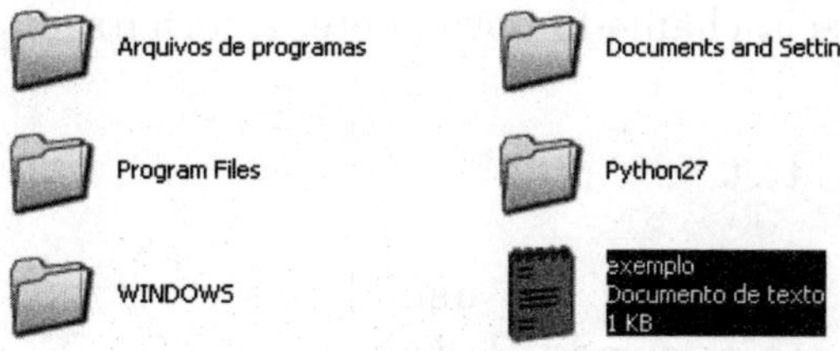

Figura 14.2: Pastas no Windows

Nome_do_arquivo.read(tamanho) → tamanho em bytes.
Vale ressaltar inclusive que uma vez atingido o fim do arquivo (EOF), o comando retorna uma string vazia ('').
Observe o exemplo com base em nosso arquivo escrito anteriormente:

```
>>> arq = open('c:\\exemplo.txt', 'r')
>>> arq.read()
exemplo de uso
Outro exemplo de uso'
>>> arq.read()
''
>>> arq.close()
>>>
```

14.6 Método readline

O método readline lê uma única linha do arquivo, avaliado através do caractere de retorno de linha (\n) e que será mantido na impressão após a chamada do método. Em sua segunda chamada lê a segunda linha do arquivo, em sua terceira, a terceira linha e assim sucessivamente até encontrar o final do arquivo denominado EOF(*end of file*). Caso seja chamado após o final do arquivo o método retornará uma string vazia.
O readline é declarado da seguinte forma:
Nome_do_arquivo.readline()
Observe o exemplo:

```
>>> arq = open('c:\\exemplo.txt', 'r')
>>> arq.readline()
'exemplo de uso'
>>> arq.readline()
''
```

14.7 Método readlines

O método readlines retorna uma lista, onde cada elemento é uma linha do arquivo. Ele recebe como parâmetro opcional o sizehint, que informa a quantidade de bytes aproximado que será lido, essa quantidade será ultrapassada em caso de necessidade de finalizar a linha.
O método readlines é declarado da seguinte forma:
Nome_do_arquivo.readlines(sizehint)

Após ser lido o EOF, caso o método seja chamado novamente, retornará uma lista vazia.
Observe o exemplo:

```
>>> arq = open('c:\\exemplo.txt', 'r')
>>> arq.readlines()
['exemplo de uso\n', 'Outro exemplo de uso']
>>> arq.readlines() # nada mais a ser lido
[]
>>> arq.close()
```

14.8 Método tell

O método tell retorna um inteiro que indica a posição corrente de leitura ou escrita no arquivo, medida em bytes.
Esse método é chamado da seguinte forma:
Nome_do_arquivo.tell()

14.9 Método seek

O método seek é utilizado para deslocar a posição corrente de leitura ou escrita. Recebe como atributos deslocamento e de_onde.
Esse método é chamado da seguinte forma:
Nome_do_arquivo.seek(deslocamento,de_onde) → deslocamento é um inteiro medido em bytes a serem deslocados e de_onde pode assumir os seguintes valores: 0 para indicar o início do arquivo (valor default); 1 para indicar a posição atual e 2 para indicar o fim do arquivo.

14.10 Método truncate

Este método "trunca" o arquivo em determinado tamanho. O tamanho por default é a posição atual. Independente do valor de entrada para o tamanho a posição não será alterada.

Importante: Se o valor do tamanho exceder o tamanho do arquivo atual os resultados podem variar dependendo do sistema operacional. Além disso, esse método não funcionará se o arquivo estiver aberto como somente modo leitura.

14.11 Simulando Registros

Um registro é uma coletânea de dados sobre uma mesma informação. Cada informação é usualmente chamada de "campo". Por exemplo: Um registro Dados Pessoais pode-se caracterizar como sendo o conjunto de campos nome, idade, cpf, endereço.
Se Python tem apenas arquivos tipo texto pergunta-se como agrupar e desagrupar estas informações. A solução parece estar em usar arquivos tipo csv *comma separated values* onde as informações são separadas por vírgula e gravadas sob a forma de tabela onde cada registro ocupa uma linha.
Isto acarreta uma dificuldade adicional: todas as informações de um registro são separadas por vírgula exceto a última que contém um caracter *carriage return* que faz a mudança de linha. A lógica adotada será incluir uma vírgula entre cada campo e após o último campo incluir \n.
O exemplo apresentado a seguir irá mostrar passo-a-passo o desenvolvimento do programa.

Escreva um programa em Python que grave em um arquivo o nome e a idade de um conjunto indeterminado de pessoas. Depois leia as informações gravadas e classifique por idade. Exiba o nome e a idade de todas as pessoas.

O primeiro passo é planejar o programa indicando como será organizado o arquivo e quais módulos serão elaborados.

Para a primeira pergunta usaremos um arquivo csv;

E os módulos a serem elaborados são:

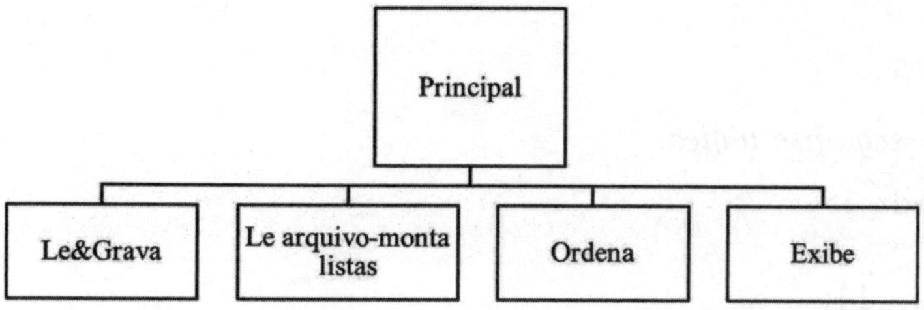

Figura 14.3: Diagrama Hierarquia de Módulos

O módulo Le&Grava tem a seguinte lógica:

Abre o arquivo para escrever
Repete até acabar
Lê do teclado informações
Monta para gravar
Grava
Retorna

Corresponde ao seguinte módulo

```
def grava():
arq=open('prog2.txt','w')
while True:
        nome= input('Digite um nome —> ')
        idade= input('Digite uma idade —> ')
        arq.write(nome+','+idade+'\n')
        fim= input('Deseja continuar ? —> ')
        if fim =='n':
                break
arq.close()
return
```

O módulo Le arquivo e monta as listas tem a seguinte lógica:

Abre o arquivo para leitura
Repete até o fim do arquivo
Acessa cada linha
Separa campos
Monta listas
Retorna

Corresponde ao seguinte módulo

```
def le():
nomes=[]
idades=[]
arq=open('prog2.txt','r')
for linha in arq:
        valores=linha.split(',')
        nomes.append(valores[0])
        idades.append(int(valores[1]))
arq.close()
return nomes,idades
```

O módulo Ordena tem a seguinte lógica:

```
def ordem(nome,idade):
n=len(nome)
for i in range(0,n-1):
        for j in range(i+1,n):
        if idade[i]>idade[j]:
                nome[i],nome[j]=nome[j],nome[i]
                idade[i],idade[j]=idade[j],idade[i]
return  nome,idade
```

O módulo Exibe tem a seguinte lógica:

```
def exibe(nome,idade,n):
print('\n{:*^30}\n'.format('Arquivo ordenado'))
for j in range(n):
        print ('{:<30}     {:<10}'.format(nome[j],idade[j]))
return
```

O programa principal tem a seguinte lógica:

```
# programa principal
grava()
nome,idade=le()
nome,idade,n=ordem(nome,idade)
exibe(nome,idade,n)
```

14.12 Exercícios Resolvidos

O arquivo notas.txt contém uma linha para cada aluno de uma turma. O nome de cada estudante está no início da cada linha e é seguido pelas suas notas.

```
Jose 2.4 3.9 8.8 4.1 2.8
Pedro 0.2 1.8 6.4
Gisela 3.6 4.2 3.5 3.1 1.9 0.8 9.5 6.4
Patricia 5.9 8.9 5.2
Carlos 2.6 3.0 4.7 4.6 7.8
```

1. Usando o arquivo notas.txt escreva um programa em Python que imprima o nome dos alunos que têm mais de seis notas.

```
arq = open('notas.txt', 'r')
for linha in arq: # percorre todas linhas de arq
    numNotas = 0 # qtd de notas de cada aluno
    valores = linha.split() # separa por espaço em branco
    for i in range(1, len(valores)):
        numNotas += 1    # conta qtas notas cada aluno tem
    if(numNotas > 6):
        print (valores[0])
arq.close() # fecha o arquivo
```

2. Usando o arquivo notas.txt escreva um programa em Python que calcule a média das notas de cada estudante e imprima o nome e a média calculada.

```
arq = open('notas.txt', 'r')
for linha in arq: # percorre todas linhas de arq
    numNotas = 0 # qtd de notas de cada aluno
    soma=0 # soma das notas
    valores = linha.split() # separa por espaço em branco
    for i in range(1, len(valores)):
        soma += float(valores[i]) # soma das notas
        numNotas += 1
    media = soma/float(numNotas)
    print ("Nome: {:s} - Media: {:5.2f}".format(valores[0], media))
arq.close() # fecha o arquivo
```

3. Usando o arquivo notas.txt escreva um programa em Python que calcule e imprima o nome e a nota mínima e máxima de cada estudante.

```
arq = open('notas.txt', 'r')
for linha in arq: # percorre todas linhas de arq
    numNotas = 0 # qtd de notas de cada aluno
    soma=0 # soma das notas
    valores = linha.split() # separa por espaço em branco
    nome=valores[0]
    valores.pop(0) # remove o nome da lista
    notas=[]
    for i in valores: # converte cada valor em real
        notas.append(float(i))
    print ('Nome {:s} Maior nota {:5.2f} Menor Nota {:5.2f} '. \
           format(nome, max(notas), min(notas)))
arq.close() # fecha o arquivo
```

4. Escreva um programa em Python que leia um arquivo de texto contendo uma lista de endereços IP e gere um outro arquivo, contendo um relatório dos endereços IP válidos e inválidos.
O arquivo de entrada possui o seguinte formato:

```
200.135.80.9
192.168.1.1
8.35.67.74
257.32.4.5
85.345.1.2
```

```
1.2.3.4
9.8.234.5
192.168.0.256
```

Resposta:

```
arq = open('ips.txt', 'r')
valido s = []
invalidos = []
linha = arq.readline()
while linha:
    valores = linha.split('.')
    valido = True
    for i in range(0, len(valores)):
        if(int(valores[i]) > 255 or int(valores[i]) < 0 ) :
            valido = False
            break
    if(valido):
        validos.append(linha)
    else:
        invalidos.append(linha)
    linha = arq.readline()
arq.close()
arq = open('ips_saida.txt', 'w')
arq.write('[Enderecos validos:]\n')
for i in range(0, len(validos)):
    arq.write(validos[i])
arq.write('\n[Enderecos invalidos:]\n')
for i in range(0, len(invalidos)):
    arq.write(invalidos[i])
arq.close()
```

5. A ACME Inc., uma empresa de 500 funcionários, está tendo problemas de espaço em disco no seu servidor de arquivos. Para tentar resolver este problema, o Administrador de Rede precisa saber qual o espaço ocupado pelos usuários, e identificar aqueles com maior espaço ocupado. Através de um programa, baixado da Internet, ele conseguiu gerar o seguinte arquivo, chamado "usuarios.txt":

```
alexandre       456123789
anderson        1245698456
antonio         123456456
carlos          91257581
cesar           987458
rosemary        789456125
```

Neste arquivo, o nome do usuário possui 15 caracteres. A partir deste arquivo, você deve criar um programa em Python que gere um relatório, chamado "relatorio.txt", no seguinte formato:

```
ACME Inc.  Uso do espaço em disco pelos usuários
------------------------------------------------
Nr.  Usuário          Espaço utilizado    % do uso

1    alexandre         434,99 MB           16,85%
2    anderson         1187,99 MB           46,02%
3    antonio           117,73 MB            4,56%
4    carlos             87,03 MB            3,37%
5    cesar               0,94 MB            0,04%
6    rosemary          752,88 MB           29,16%

Espaço total ocupado: 2581,57 MB
Espaço médio ocupado: 430,26 MB
```

O arquivo de entrada deve ser lido uma única vez, e os dados armazenados em memória, caso sejam necessários, de forma a agilizar a execução do programa. A conversão do espaço ocupado em disco, de bytes para megabytes deverá ser feita através de uma função separada, que será chamada pelo programa principal. O cálculo do percentual de uso também deverá ser feito através de uma função, que será chamada pelo programa principal.

```
def Converte(tam):
    tamConv = float(tam)/float(1024*1024)
    return round(tamConv,2)
def CalcularPorcentagem(espacoList, porcentagem):
    espacoTotal = sum(espacoList)
    for i in range(0, len(espacoList)):
        perc = (espacoList[i] * 100)/float(espacoTotal)
        porcentagem.append(round(perc,2))
arq = open('usuarios.txt', 'r')
nomesList = []
espacoList = []
porcentagem = []
nome = arq.read(15)
espaco = arq.readline()
while espaco:
    nomesList.append(nome)
    espacoList.append(Converte(espaco))
    nome = arq.read(15)
    espaco = arq.readline()
arq.close()
CalcularPorcentagem(espacoList, porcentagem)
espacoTotal = round(sum(espacoList),2)
espacoMedio = round(espacoTotal/len(nomesList),2)
print ('ACME Inc. Uso do espaco em disco pelos usuarios')
print ('-' * 69)
print ('Nr.  Usuario  Espaco utilizado   % do uso')
for i in range(0, len(nomesList)):
    print ('{0} {1}{2}{3}%'.format(str(i + 1).\
           ljust(4),nomesList[i], (str(espacoList[i]) + ' MB')\
           .ljust(22),porcentagem[i]))
print ('\nEspaco total ocupado: {0} MB'.format(espacoTotal))
```

```
print ('Espaco medio ocupado: {0}\
MB'.format(espacoMedio))
```

14.13 Para Saber Mais

Para maiores detalhes sobre arquivos e outros métodos relacionados consulte https://docs.python.org/3/tutorial/inputoutput.html

Capítulo 15

Numpy

15.1 Motivação

A combinação de Python com computação de alto desempenho tem sido área de interesse para a área científica e comercial. Um dos pacotes mais importantes do Python que se enquadra nesta área de interesse é o Numpy. A biblioteca Numpy é a base de bibliotecas poderosas associadas desde Cálculo Numérico até Aprendizado de Máquina.

Quando se associa o Numpy a outras bibliotecas como o Matplotlib, consegue-se, com poucas linhas de código, elaborar e visualizar funções relativamente complexas como a distribuição normal de 20 pontos e posteriormente a sua visualização[1].

```
>>> import numpy as np
>>> import matplotlib.pyplot as plt
>>> y = np.random.standard_normal(20)
>>> x = range(len(y))
>>> plt.plot(x,y)
[<matplotlib.lines.Line2D object at 0x000001ACF4B52A90>]
>>> plt.show()
```

A Figura 15.1 mostra o resultado deste código.

[1] O leitor não deve, por enquanto, se preocupar com detalhes da visualização. A mesma é apresentada neste capítulo apenas a título de estímulo ao aprendizado. A linha [¡matplotlib.lines.Line2D object at 0x000001ACF4B52A90¿] é gerada automaticamente pelo Python, onde o número 0x000001ACF4B52A90 deve ser provavelmente diferente do apresentado em seu computador

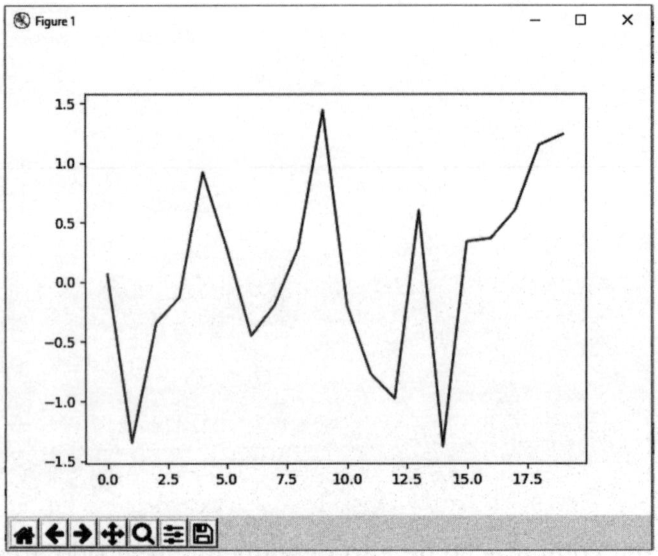

Figura 15.1: Gráfico de uma distribuição normal

A ferramenta é poderosa e flexível e permite que se use dados anteriores e se crie novos gráficos. Neste caso será feita a soma cumulativa dos dados obtidos na Figura 15.1, com o resultado visualizado na Figura 15.2.

```
>>> plt.plot(y.cumsum()) #observe que não foi necessario usar x
[<matplotlib.lines.Line2D object at 0x050824B0>]
>>> plt.show()
```

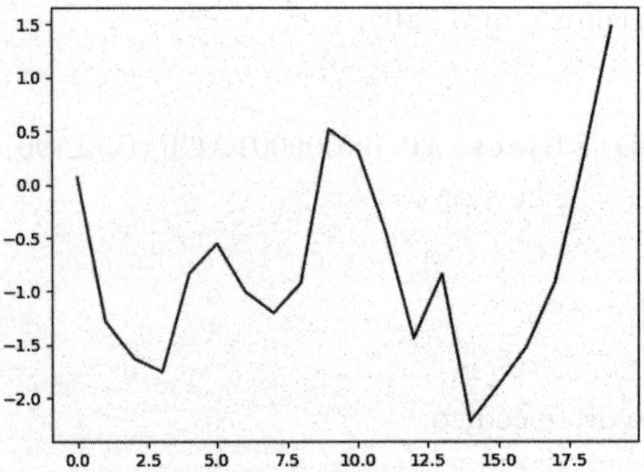

Figura 15.2: Gráfico da soma acumulativa de uma distribuição normal

15.2 Instalação

Numpy é um pacote especializado no processamento numérico, em especial no objeto multidimensional ndarrays, que serão chamados doravante de arrays. Estes objetos permitem operações de forma difusa, ou seja, executadas elemento a elemento. Operações de álgebra linear podem ser executadas de forma análoga ao formalismo matemático.

Nem sempre o Python instala a biblioteca Numpy de forma automática. Normalmente será necessário instalar a biblioteca por meio da linha de comando executada fora do shell do Python[2]:

```
pip install numpy
```

15.3 Numpy X Listas

Como exposto anteriormente, o elemento mais utilizado da biblioteca Numpy é o objeto array. O array é similar às listas. Entretanto, há uma série de diferenças, dentre as quais a principal pode-se visualizar no código abaixo:

```
>>> import numpy as np
>>> l1 = [1,2,3]
>>> l2 = l1*2
>>> l2
[1, 2, 3, 1, 2, 3]
>>> n1 = np.array(l1)
>>> n1
array([1, 2, 3])
>>> n2 = n1*2
>>> n2
array([2, 4, 6])
>>> l3 = l1+l2
>>> l3
[1, 2, 3, 1, 2, 3, 1, 2, 3]
>>> n3 = n1+n2
>>> n3
array([3, 6, 9])
>>> z = np.random.randint(1,10,(2,2))
>>> z
array([[8, 5],
       [8, 2]])
>>> z[1,1]=200
>>> z
array([[  8,   5],
       [  8, 200]])
```

No código anterior se vê que ao multiplicar uma lista do Python por 2, dobra-se o tamanho da lista, enquanto que no Numpy todos os elementos do array são multiplicados por dois.

Ao se somar duas listas em Python, se cria uma nova lista que concatena os dados das listas somadas. Ao se somar dois arrays, realiza-se a soma de cada array, como o equivalente em operações de vetores em Álgebra Linear.

As listas podem conter objetos de qualquer tipo. No objeto array todos os elementos devem ter o mesmo tipo.

No array pode-se fazer a referência de uma determinada posição utilizando a notação [*linha, coluna*] ou [*linha*][*coluna*], ao passo que em listas somente é possível a notação [*linha*][*coluna*].

[2]caso esteja utilizando o ambiente Anaconda o comando seria: ***conda install numpy***

Na prática, os arrays do Numpy são mais rápidos para funções vetoriais do que mapear funções para listas[3]. Numpy arrays têm muitos métodos referentes à Álgebra Linear, como operações sobre matrizes.

15.4 Criação de Arrays

Há diversas formas de criar arrays. A forma mais comum é declarar uma lista ou tupla dentro do método criador do array. Veja o exemplo:

```
>>> import numpy as np
>>> a = np.array([1,2,3])
>>> a
array([1, 2, 3])
>>> a.dtype
dtype('int32')
```

Pode-se criar por meio de tuplas:

```
>>> b = np.array([(1.5,2,3),(4,5,6)])
>>> b
array([[ 1.5,  2. ,  3. ],
       [ 4. ,  5. ,  6. ]])
>>> b.dtype
dtype('float64')
```

O tipo a ser utilizado dentro do array pode ser criado quando da sua criação. Segue o exemplo de um array com números complexos:

```
>>> c = np.array([[1,2],[3,4]], dtype = complex)
>>> c
array([[ 1.+0.j,  2.+0.j],
       [ 3.+0.j,  4.+0.j]])
```

15.5 Métodos zeros e ones

O objeto array pode ser criado preenchendo com 0 e 1, utilizando respectivamente os métodos zeros e ones:

```
>>> np.zeros( (2,3) )
array([[ 0.,  0.,  0.],
       [ 0.,  0.,  0.]])
>>> np.ones( (2,3,4) )
array([[[ 1.,  1.,  1.,  1.],
        [ 1.,  1.,  1.,  1.],
        [ 1.,  1.,  1.,  1.]],

       [[ 1.,  1.,  1.,  1.],
        [ 1.,  1.,  1.,  1.],
        [ 1.,  1.,  1.,  1.]]])
```

[3] Será mostrado numericamente em texto adiante.

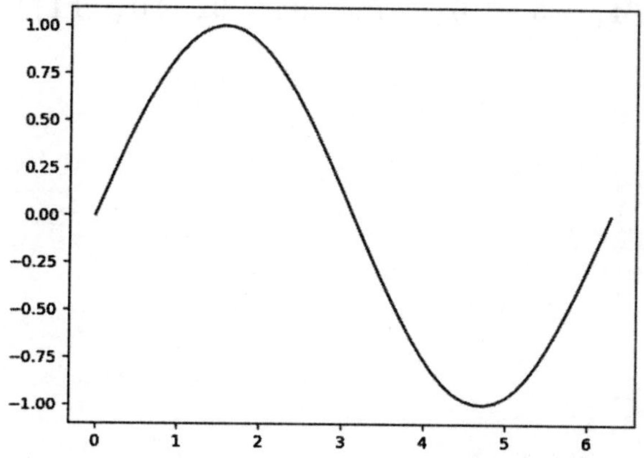

Figura 15.3: Gráfico de Seno de X

Para criar uma sequência de números, o Numpy possui uma função análoga ao range tradicional do Python, que retorna arrays ao invés de listas, com a vantagem de aceitar argumentos diversos do tipo inteiro. No exemplo abaixo são mostrados exemplos de criação de arrays utilizando argumentos do tipo inteiro e do tipo float:

```
>>> np.arange(1,9,2)
array([1, 3, 5, 7])
>>> np.arange(3.6,10.2,1.4)
array([ 3.6,  5. ,  6.4,  7.8,  9.2])
```

15.6 Exemplo de uma Função

Como visto no gráfico inicial pode ser interessante ter o ponto inicial e o ponto final previamente definidos, com uma quantidade pré-determinada de pontos entre eles. Isto pode ser obtido pelo método linspace. No código abaixo será criada uma função y = seno(x)[4], com visualização da mesma na Figura 15.3.

```
>>> from numpy import pi
>>> np.linspace( 0, 1, 5 )
array([ 0.  ,  0.25,  0.5 ,  0.75,  1.  ])
>>> x = np.linspace(0, 2*pi, 50)
>>> y = np.sin(x)
>>> plt.plot(x,y)
[<matplotlib.lines.Line2D object at 0x000001AC80D794A8>]
>>> plt.show()
```

15.7 Redimensionamento de Arrays

Pode-se redimensionar arrays por meio da função reshape, contanto que o produto dos elementos do redimensionamento seja igual ao número de elementos do objeto inicial.

```
>>> a = np.arange(12)
>>> a
```

[4]Em inglês seno é *sine*

```
array([ 0,  1,  2,  3,  4,  5,  6,  7,  8,  9, 10, 11])
>>> b = a.reshape(3,4)
>>> b
array([[ 0,  1,  2,  3],
       [ 4,  5,  6,  7],
       [ 8,  9, 10, 11]])
>>> c = a.reshape(2,2,3)
>>> c
array([[[ 0,  1,  2],
        [ 3,  4,  5]],

       [[ 6,  7,  8],
        [ 9, 10, 11]]])
```

Juntamente com essas operações, pode-se descobrir a dimensão do objeto por meio do método ndim, o seu formato com shape e a quantidade de elementos com o método size.

```
>>> a.ndim
1
>>> c.ndim
3
>>> b.size
12
>>> b.shape, c.shape
((3, 4), (2, 2, 3))
```

Caso seja feita uma tentativa de modificação de redimensionamento inadequada com a quantidade de elementos, o Python gerará uma mensagem de erro.

```
>>> d = a.reshape(5,2)
Traceback (most recent call last):
  File "<pyshell#90>", line 1, in <module>
    d = a.reshape(5,2)
ValueError: cannot reshape array of size 12 into shape (5,2)
```

15.8 Operações Wise Element

Como exposto anteriormente, as operações no Numpy são feitas elemento a elemento.

```
>>> a = np.arange(10,50,10)
>>> a
array([10, 20, 30, 40])
>>> b = np.array([0,1,2,3])
>>> b
array([0, 1, 2, 3])
>>> 5*np.cos(a)
array([-4.19535765,  2.04041031,  0.77125725, -3.33469031])
>>> c = a + b
>>> c
array([10, 21, 32, 43])
```

Um aspecto interessante é que pode-se gerar um novo array baseado em operações lógicas. Por exemplo, com a operação abaixo, pode-se verificar quais os números pares do array c.

```
>>> c
array([10, 21, 32, 43])
>>> p = c%2>0
>>> p
array([False,  True, False,  True], dtype=bool)
>>> p*c
array([ 0, 21,  0, 43])
np.where(c%2 == 0, 'par', 'impar')
array(['par', 'impar', 'par', 'impar'],
      dtype='|S5')
```

Pode-se realizar as operações *= e += sobre todo o array. Ressalta-se que se os operadores não forem compatíveis, o Python irá gerar uma mensagem de erro. O último exemplo emite uma mensagem de erro pois tentou operar inteiros com floats.

```
>>> a = np.arange(10., 41., 10)
>>> a
array([ 10.,  20.,  30.,  40.])
>>> a *= 1.5
>>> a
array([ 15.,  30.,  45.,  60.])
>>> a += 1.
>>> a
array([ 16.,  31.,  46.,  61.])
>>> d = a * (1+1j)
>>> d
array([ 16.+16.j,  31.+31.j,  46.+46.j,  61.+61.j])
>>> b = np.arange(10,41,10)
>>> b
array([10, 20, 30, 40])
>>> b *= 1.5
Traceback (most recent call last):
  File "<pyshell#113>", line 1, in <module>
    b *= 1.5
TypeError: Cannot cast ufunc multiply output from
dtype('float64') to dtype('int32') with
casting rule 'same_kind'
```

15.9 Gerando Objetos com Funções Aleatórias

Outra forma interessante de se gerar array seria por meio de funções aleatórias. O Numpy tem uma gama extensa de métodos para criação de valores aleatórios, gerados das mais diversas distribuições probabilísticas, como Normal, Homogênea, Poisson, entre outras.

No comando abaixo, será criado um array com dimensões 4x9, com valores homogeneamente distribuídos entre 0 e 10. Serão calculados a soma, a média e o desvio padrão de todo o array.

```
>>> a = np.random.randint(0,11,(4,9))
>>> a
```

```
array([[ 8,  3,  8,  1,  3,  1,  4,  5,  3],
       [ 6,  5,  4,  1,  7,  7,  3,  0,  4],
       [ 2,  4,  9,  9,  6,  1,  2,  9,  0],
       [ 8,  7,  0,  2,  9,  8,  8, 10,  9]])
>>> a.sum()
176
>>> a.mean()
4.8888888888888893
>>> a.std()
3.1160674805289239
```

Outro aspecto útil é que é possível realizar operações de soma, média, etc., baseadas em linhas e colunas. No primeiro exemplo a soma é feita em linhas e no segundo exemplo a soma é feita em colunas.

```
>>> a.sum(axis=1)
array([36, 37, 42, 61])
>>> a.sum(axis=0)
array([24, 19, 21, 13, 25, 17, 17, 24, 16])
>>> a.mean(axis=1)
array([ 4.        ,  4.11111111,  4.66666667,  6.77777778])
```

15.10 Álgebra Linear com Numpy

O Numpy pode ser utilizado como ferramenta de cálculos de álgebra linear.

Seguem as operações básicas de transposição de matriz, matriz inversa, matriz identidade, produto de matriz e solução de equações lineares:

```
>>> import numpy as np
>>> a = np.arange(1.,5.)
>>> print a
[ 1.  2.  3.  4.]
>>> a = a.reshape(2,2) # reformatar a forma
>>> print a
[[ 1.  2.]
 [ 3.  4.]]
>>> a.transpose()
array([[ 1.,  3.],
       [ 2.,  4.]])
>>> np.linalg.det(a) # determinante
-2.0000000000000004
>>> # matriz inversa
>>> np.linalg.inv(a)
array([[-2. ,  1. ],
       [ 1.5, -0.5]])
>>> u = np.eye(2)
>>> u
array([[ 1.,  0.],
       [ 0.,  1.]])
>>> b = np.array([[1.,1.],[1.,2.]])
>>> b
```

```
array([[ 1.,   1.],
       [ 1.,   2.]])
>>> np.dot(a,b) # produto matricial
array([[  3.,   5.],
       [  7.,  11.]])
>>> y = np.array([4.,6])
>>> y = y.reshape(2,1)
>>> y
array([[ 4.],
       [ 6.]])
>>> np.linalg.solve(a,y)
array([[-2.],
       [ 3.]])
```

Outras funções como autovetor e autovalor também estão disponíveis no Numpy.

A operação a*b em um array não executa o produto matricial e sim o produto entre os elementos das matrizes.

```
>>> a
array([[ 1.,   2.],
       [ 3.,   4.]])
>>> b
array([[ 1.,   1.],
       [ 1.,   2.]])
>>> a*b
array([[ 1.,   2.],
       [ 3.,   8.]])
```

Para fazer o produto matricial, seria pelo uso do método np.dot(a,b):

```
>>> a
array([[ 1.,   2.],
       [ 3.,   4.]])
>>> b
array([[ 1.,   1.],
       [ 1.,   2.]])
>>> a.dot(b)
array([[  3.,   5.],
       [  7.,  11.]])
>>> np.dot(a,b)
array([[  3.,   5.],
       [  7.,  11.]])
>>>
```

15.11 Objeto Matriz

Caso desejasse fazer o produto das matrizes no formato tradicional, seria necessário utilizar o objeto matrix.

```
>>> a = np.matrix('1 2; 3 4')
```

```
>>> a
matrix([[1, 2],
        [3, 4]])
>>> print a
[[1 2]
 [3 4]]
>>> np.matrix([[1,2],[3,4]])
matrix([[1, 2],
        [3, 4]])
```

Ao se multiplicar duas matrizes Numpy, obtém o resultado esperado.

```
>>> b = np.matrix([[1,1],[1,2]])
>>> a*b
matrix([[ 3,  5],
        [ 7, 11]])
```

Outras operações com matrizes são imediatas, como a matriz inversa.

```
>>> a**-1
matrix([[-2. ,  1. ],
        [ 1.5, -0.5]])
```

A transformação de matrix em array e a operação inversa são triviais.

```
>>> a = np.array(a)
>>> a
array([[1, 2],
       [3, 4]])
>>> a = np.matrix(a)
>>> a
matrix([[1, 2],
        [3, 4]])
```

Ressalta-se que os responsáveis pela biblioteca Numpy recomendam o uso do array dot ao invés de matrix.

15.12 Desempenho do Numpy

Como exposto anteriormente, a operação de vetores usando arrays do Numpy é muito mais rápida que o equivalente em listas. Veja no código abaixo o produto escalar de dois vetores de 1000 elementos. Utilizando-se Numpy obteve-se a resposta cerca de 130 vezes mais rápido que utilizando as listas tradicionais do Python.

```
import numpy as np
from datetime import datetime

a = np.random.randn(1000)
b = np.random.randn(1000)
A = list(a)
B = list(b)
T = 100000

#Produto escalar utilizando listas
```

```
t0 = datetime.now()
for i in range(T):
    result = 0
    for i in range(len(A)):
        result += A[i]*B[i]
dt1 = datetime.now() - t0
print dt1

#Produto escalar utilizando Numpy
t0 = datetime.now()
for i in range(T):
    a.dot(b)
dt2 = datetime.now() - t0
print dt2

print "dt1 / dt2:", dt1.total_seconds()/dt2.total_seconds()
```

15.13 Exercícios Resolvidos

1. Crie um array 8x8 A com o número 0 em suas bordas e 1 em seu interior e depois crie um array 8x8 B semelhante a um tabuleiro de xadrez

```
>>> import numpy as np
>>> A = np.ones((8,8))
>>> A[1:-1,1:-1] = 0
>>> A
array([[ 1.,  1.,  1.,  1.,  1.,  1.,  1.,  1.],
       [ 1.,  0.,  0.,  0.,  0.,  0.,  0.,  1.],
       [ 1.,  0.,  0.,  0.,  0.,  0.,  0.,  1.],
       [ 1.,  0.,  0.,  0.,  0.,  0.,  0.,  1.],
       [ 1.,  0.,  0.,  0.,  0.,  0.,  0.,  1.],
       [ 1.,  0.,  0.,  0.,  0.,  0.,  0.,  1.],
       [ 1.,  0.,  0.,  0.,  0.,  0.,  0.,  1.],
       [ 1.,  1.,  1.,  1.,  1.,  1.,  1.,  1.]])
>>> B = np.zeros((8,8))
>>> B[1::2,::2] = 1
>>> B[::2,1::2] = 1
>>> B
array([[ 0.,  1.,  0.,  1.,  0.,  1.,  0.,  1.],
       [ 1.,  0.,  1.,  0.,  1.,  0.,  1.,  0.],
       [ 0.,  1.,  0.,  1.,  0.,  1.,  0.,  1.],
       [ 1.,  0.,  1.,  0.,  1.,  0.,  1.,  0.],
       [ 0.,  1.,  0.,  1.,  0.,  1.,  0.,  1.],
       [ 1.,  0.,  1.,  0.,  1.,  0.,  1.,  0.],
       [ 0.,  1.,  0.,  1.,  0.,  1.,  0.,  1.],
       [ 1.,  0.,  1.,  0.,  1.,  0.,  1.,  0.]])
```

2. Crie um array numpy com os 5 primeiros termos da série de Fibonacci, onde o primeiro e segundo termos são iguais a 1, com o menor número de linhas de código possíveis, sem utilizar estruturas de

repetição.

Pode-se obter o valor numérico do termo de Fibonacci utilizando a fórmula de Binet[5]:

$$a_n = \frac{\Phi^n - \phi^n}{\sqrt{5}}$$

$$\text{onde } \Phi = \frac{1+\sqrt{5}}{2}$$

e

$$\phi = \frac{1-\sqrt{5}}{2} \Rightarrow \phi = \frac{1}{\Phi}$$

```
>>> import numpy as np
>>> n = np.arange(1,6)
>>> Phi = (1+5**.5)/2.
>>> phi = (1-5**.5)/2.
>>> a = (Phi**n-phi**n)/5.**.5
>>> a
>>> array([ 1.,    1.,    2.,    3.,    5.])
```

3. Crie uma matriz aleatória 10x2 representando coordenadas cartesianas. Converta a matriz para coordenadas polares.

```
>>> A = np.random.random((10,2))
>>> X,Y = A[:,0], A[:,1]
>>> R = np.sqrt(X**2+Y**2)
>>> T = np.arctan2(Y,X)
>>> print(R)
>>> print(T)
```

4. O código a seguir representa uma simulação de uma caminhada aleatória (random walk). Converta o código que usa listas para um código mais enxuto em Numpy.

```
from random import randint
posicao = 0
caminhada = [posicao]
passos = 1000
for i in range(1000):
    if randint(0,1) == 1:
        passo = 1
    else:
        passo = -1
    caminhada.append(passo)
```

Solução

```
import numpy as np
jogadas = np.random.randint(0,2,size=1000)
passos = np.where(jogadas>0,1,-1)
caminhada = passos.cumsum()
```

A figura 15.4 mostra um resultado possível para o programa da caminhada[6].

[5]https://www.math.hmc.edu/funfacts/ffiles/10002.4-5.shtml

[6]Para criar esse gráfico é necessário a utilização da biblioteca MatPlotLib que será vista no próximo capítulo.

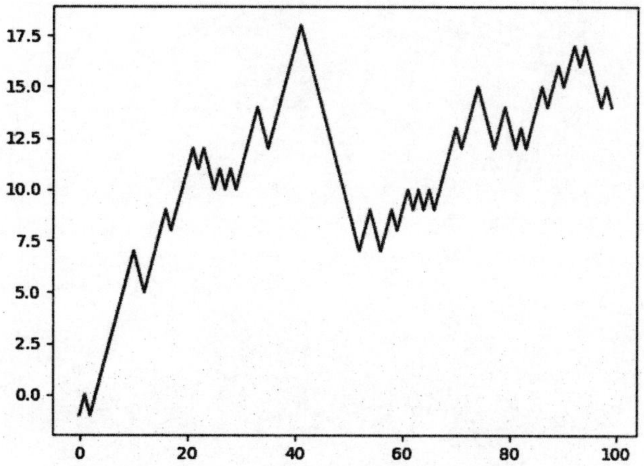

Figura 15.4: Gráfico da caminhada aleatória

15.14 Para Saber Mais

Para maiores detalhes sobre os arrays Numpy e outras funções e métodos relacionados, consulte *http://docs.scipy.org/doc/*.

Há vários outros exercícios interessantes resolvidos referentes à Numpy disponíveis em *http://www.labri.fr/perso/nrougier/teaching/numpy.100/index.html*.

Capítulo 16

Matplotlib

16.1 Motivação

Matplotlib é uma biblioteca de elaboração de gráficos para o Python. O Matplotlib fornece uma API orientada a objetos para incorporar gráficos em aplicativos que usam kits de ferramentas GUI de uso geral como Tkinter, wxPython, Qt ou GTK +.

Matplotlib foi originalmente escrito por John D. Hunter e tem uma comunidade de desenvolvimento bastante ativa, sendo distribuído sob uma licença estilo Berkeley Software Distribution - BSD (semelhante à uma licença de software livre)[1]. É uma excelente biblioteca gráfica 2D e 3D para geração de figuras científicas.

Pode-se dizer que as maiores vantagens do Matplotlib são a grande facilidade de obter gráficos simples, suporte para legendas e textos, grande controle para cada elemento no gráfico e alta capacidade de personalizar gráficos. A página oficial de manutenção do Matplotlib é http://matplotlib.org.

16.2 Instalação

Como no Numpy, por vezes é necessária a instalação do Matplotlib. Ele pode ser obtido pelo comando[2]:

```
pip install matplotlib
```

16.3 Um Gráfico Simples

A elaboração de gráficos no Matplotlib utilizando Python é muito simples. Por exemplo, para elaborar o gráfico da função x^2 no domínio de $[0, 5]$ necessitaria apenas de 6 linhas de código.

```
>>> import matplotlib.pyplot as plt
>>> import numpy as np
>>> x = np.linspace(0,5,11)
>>> y = x**2
>>> x = np.linspace(0,5,11)
>>> y = x**2
>>> plt.plot(x,y)
[<matplotlib.lines.Line2D object at 0x05043230>]
>>> plt.show()
```

O resultado do código anterior pode ser visualizado na Figura 16.1.

[1] Os termos da licença BSD são considerados como de domínio público e o software pode ser modificado sem nenhuma restrição

[2] Caso o usuário esteja usando o ambiente Anaconda o comando seria conda install matplotlib

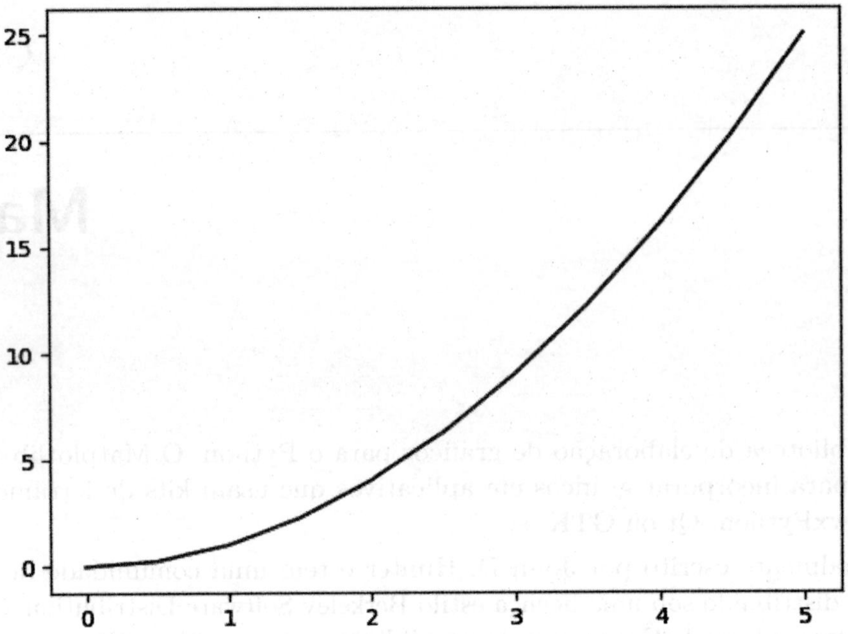

Figura 16.1: Gráfico de x^2

16.4 Sofisticando um pouco mais o Gráfico

Em outras palavras, basta que se defina $y = f(x)$ e o gráfico bidimensional é trivial.

Para se sofisticar o gráfico, os comandos são relativamente simples. Veja o exemplo abaixo, que aproveita o código anterior.

```
# 'g' representa a cor verde (green em inglês)
>>> plt.plot(x,y, 'g')
[<matplotlib.lines.Line2D object at 0x05365610>]
>>> plt.xlabel('Nome do eixo X')
<matplotlib.text.Text object at 0x0508F370>
>>> plt.ylabel('Nome do eixo Y')
<matplotlib.text.Text object at 0x0534B8F0>
>>> plt.title('Titulo do grafico')
<matplotlib.text.Text object at 0x05365990>
>>> plt.show()
```

O resultado de código é apresentado na Figura 16.2.

16.5 Criando Dois Gráficos ao Mesmo Tempo

É possível criar vários gráficos ao mesmo tempo. O código abaixo cria os gráficos $y = x^2$ e $y = \sqrt{x}$.

```
>>> f, axarr = plt.subplots(ncols = 2, sharex=True)
>>> axarr[0].plot(x, y, 'g*-')
[<matplotlib.lines.Line2D object at 0x080CA270>]
>>> axarr[1].plot(y,x, 'r--')
[<matplotlib.lines.Line2D object at 0x080F0EB0>]
```

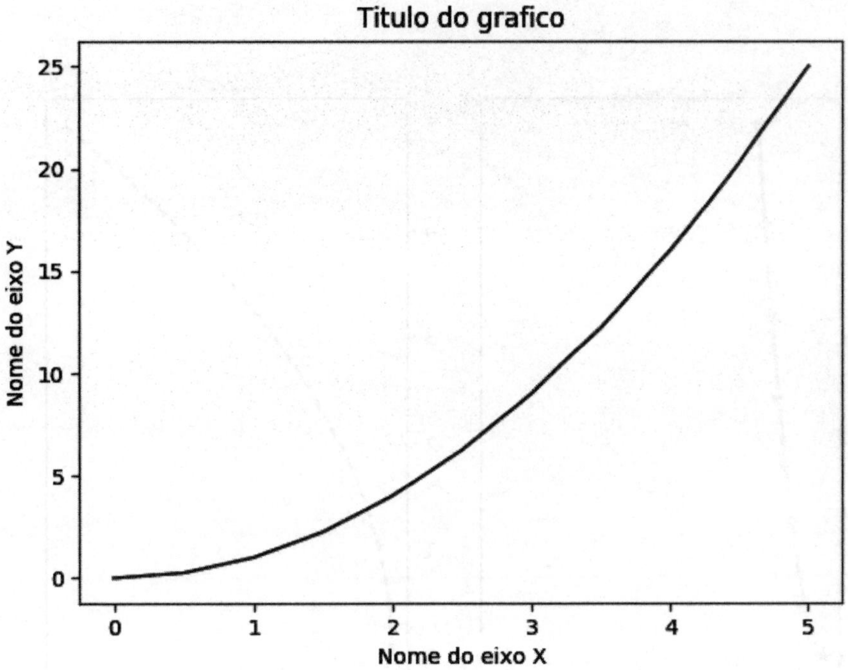

Figura 16.2: Gráfico com cores e legendas

```
>>> plt.show()
```

Os gráficos estão representados na Figura 16.3.

16.6 Gráfico com Várias Figuras

Caso deseje criar um gráfico com várias figuras ($y = x$, $y = x^2$ e $y = x^3$), é possível com o código abaixo:

```
import numpy as np
import matplotlib.pyplot as plt
x = np.arange(0., 4., 0.2)
# vermelho tracejado, azul quadrado e triangulos verdes
plt.plot(x, x, 'r--', x, x**2, 'bs', x, x**3, 'g^')
plt.show()
```

O resultado está na Figura 16.4.

16.7 Usando Coordenadas Polares

É possível trabalhar também com coordenadas polares (r, θ). Veja o código a seguir:

```
import numpy as np
import matplotlib.pyplot as plt

# aqui é definido o parâmetro r (raio)
# de coordenadas polares
r = np.arange(0, 2, 0.01)
```

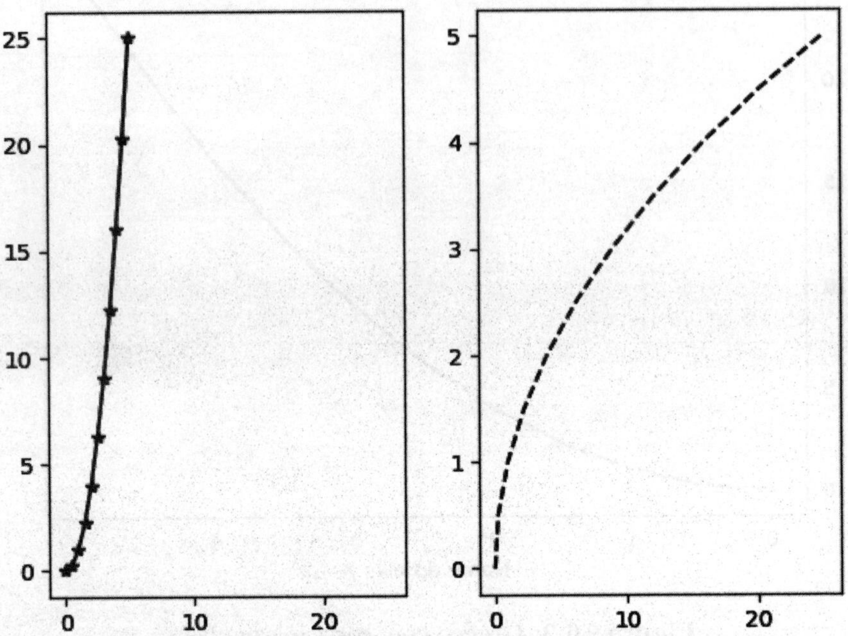

Figura 16.3: Gráfico de $y = x^2$ e $y = \sqrt{x}$

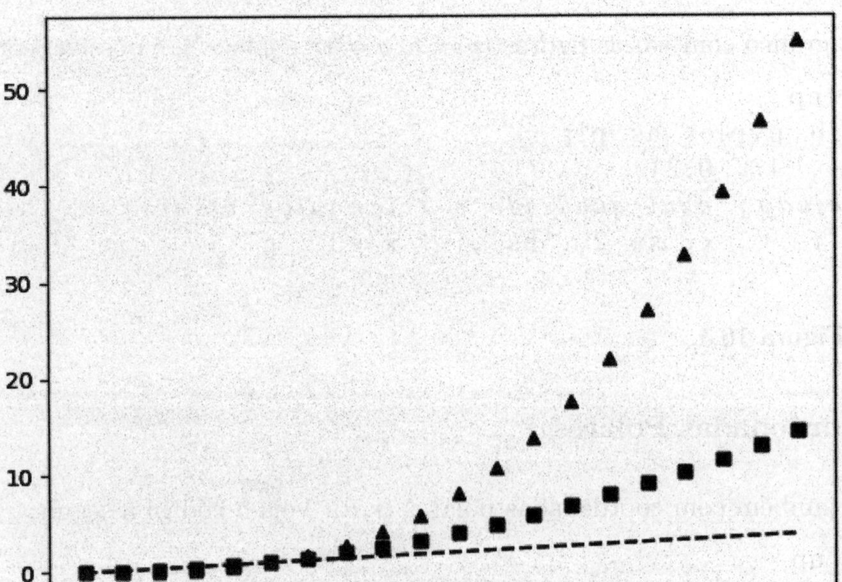

Figura 16.4: Gráfico de $y = x$, $y = x^2$ e $y = x^3$

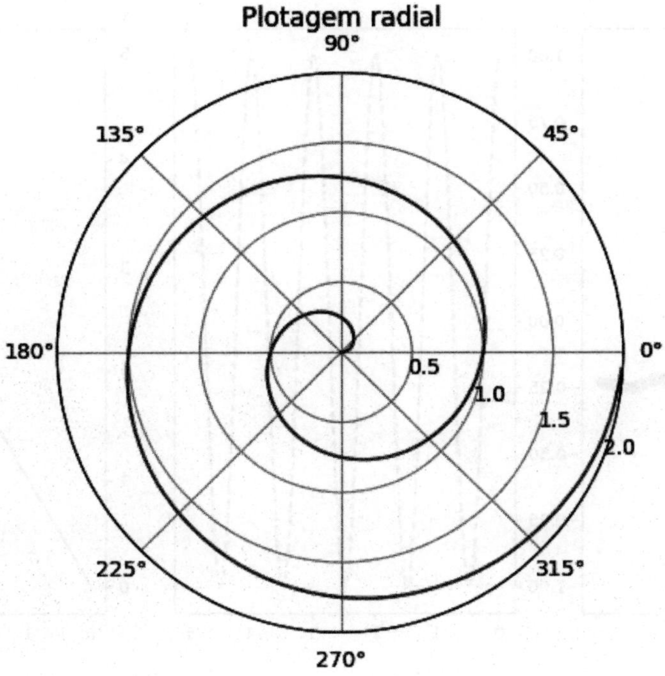

Figura 16.5: Gráfico com Coordenadas Polares

```
# aqui é definido \theta
theta = 2 * np.pi * r

ax = plt.subplot(111, projection='polar')
ax.plot(theta, r)
ax.set_rmax(2)

# Legendas radiais
ax.set_rticks([0.5, 1, 1.5, 2])

# Grau de posicionamento
# das legendas radiais
ax.set_rlabel_position(-22.5)
ax.grid(True)

ax.set_title("Plotagem radial", va='bottom')
plt.show()
```

O gráfico com as coordenadas polares pode ser visualizado na Figura 16.5.

16.8 Método orientado a objetos Matplotlib

Existe outra forma de criar figuras no Matplotlib, por meio da Programação Orientada a Objetos. Inicialmente se instancia o objeto Figure e posteriormente são chamados métodos e atributos deste objeto. Esta abordagem é mais agradável ao lidar com uma tela que tem vários gráficos nela.

Para começar, cria-se uma figura de instância. Então, se adiciona eixos a essa figura:

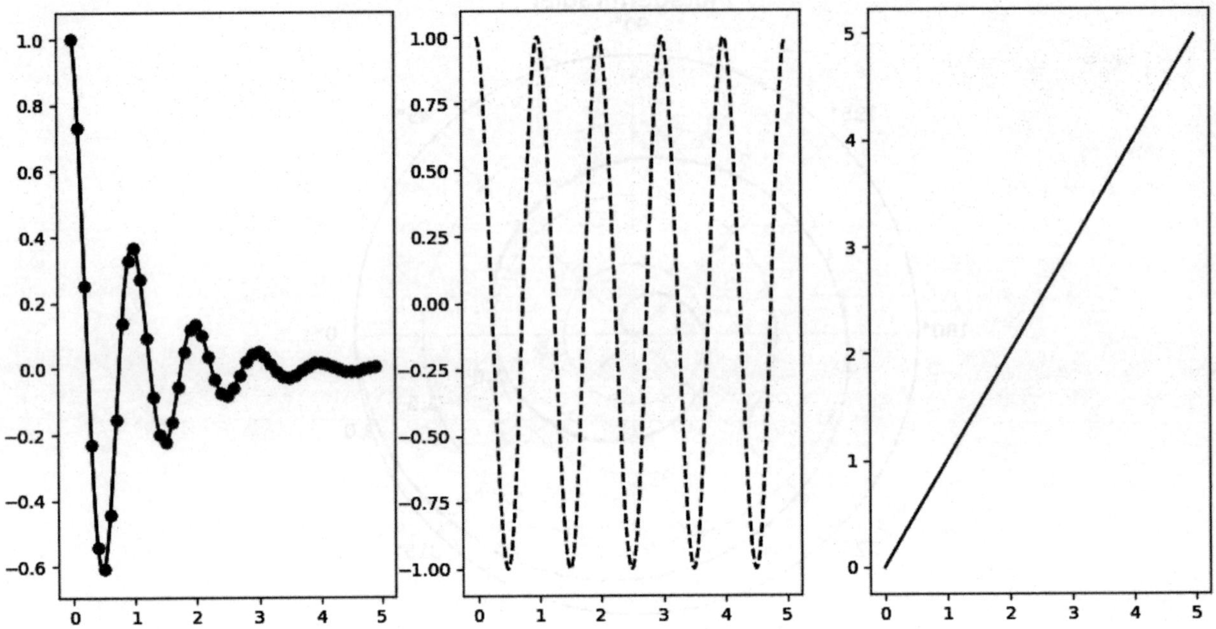

Figura 16.6: Gráficos Utilizando o Objeto figure

```
import numpy as np
import matplotlib.pyplot as plt

def f(t):
    return np.exp(-t) * np.cos(2*np.pi*t)

t1 = np.arange(0.0, 5.0, 0.1)
t2 = np.arange(0.0, 5.0, 0.02)

plt.figure(1)

# subplot 13 significa 1 linha e 3 colunas

# 131 é a primeira coluna,
# 132 é a segunda coluna e assim por diante
plt.subplot(131)
plt.plot(t1, f(t1), 'bo', t2, f(t2), 'k')

plt.subplot(132)
plt.plot(t2, np.cos(2*np.pi*t2), 'r--')

plt.subplot(133)
plt.plot(t2,t2,'g')
plt.show()
```

O resultado é visto na Figura 16.6.

16.9 Um Gráfico dentro de outro

Para se criar um gráfico dentro de outro pode-se usar o seguinte código:

```
import matplotlib.pyplot as plt
import numpy as np
x = np.linspace(0, 5, 11)
y = x ** 2
x = np.linspace(0, 5, 11)
y = x ** 2

# Cria um canvas em branco
fig = plt.figure()

# insere figura 1
eixo1 = fig.add_axes([0.1, 0.1, 0.8, 0.8])

# insere figura 1
eixo2 = fig.add_axes([0.2, 0.5, 0.4, 0.3])

# Figura 1
eixo1.plot(x, y, 'b')
eixo1.set_xlabel('Eixo x da figura 1')
eixo1.set_ylabel('Eixo y da figura 1')
eixo1.set_title(u'Título da figura 1')

# Figura 2
eixo2.plot(y, x, 'r')
eixo2.set_xlabel('Eixo x da figura 2')
eixo2.set_ylabel('Eixo y da figura 2')
eixo2.set_title(u'Título da figura 2')

plt.show()
```

O resultado pode ser visto na Figura 16.7.

16.10 Gerando gráficos a partir de um array de dimensão maior que um

No exemplo a seguir é criada uma distribuição normal com 30 elementos com média 0 e com desvio padrão 1. Na primeira coluna do array são armazenados os valores aleatórios e na segunda coluna a soma acumulada destas valores. O resultado do código pode ser visualizado na Figura 16.8.

```
import matplotlib.pyplot as plt
import numpy as np
y = np.random.standard_normal((30,2))
y[::,1] = y[::,0].cumsum()
plt.figure()
plt.plot(y[:,0], lw = 1.5,
         label='Valores Aleatorios')
plt.plot(y[:,1], lw = 1.5,
         label='Soma dos Valores Aleatorios')
```

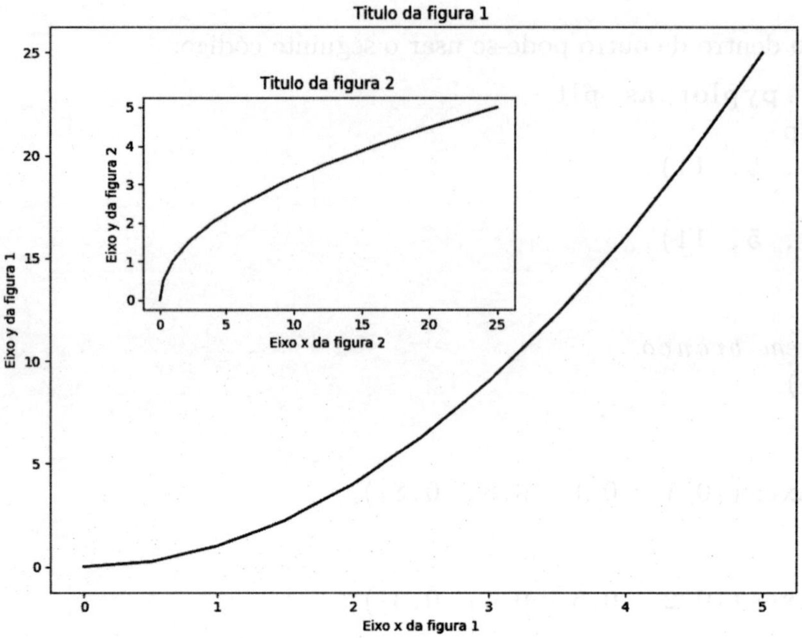

Figura 16.7: Gráfico com uma figura inserida dentro de outra

```
plt.plot(y, 'ro')
plt.grid(True)
# o parametro loc = 0 colocara a
# legenda na melhor posicao
# mas e possivel personalizar
# a posicao da legenda
# consultando a documentacao do Matplotlib
plt.legend(loc=0)
plt.axis('tight')
plt.xlabel('Eixo x')
plt.ylabel('Eixo y')
plt.title('Uma distribuicao normal \
com desvio padrao = 1')
plt.show()
```

16.11 Criando dois eixos *ys* distintos

Aproveitando o código anterior, iremos multiplicar o valor dos valores da primeira coluna por 100 e mantendo o valor da segunda coluna com os valores originais. Caso não fosse feito o ajuste de eixos ys distintos, o gráfico não seria de fácil visualização, devido ter uma diferença de escala entre as duas colunas (a primeira coluna foi multiplicada por 100 neste exemplo). Para poder visualizar corretamente o gráfico, são necessários dois eixos ys, um para cada coluna. Neste exemplo a posição das legendas são colocadas de forma definida pelo usuário, ao invés do exemplo anterior onde o sistema (loc = 0) determinava a melhor posição da legenda.

```
import matplotlib.pyplot as plt
import numpy as np
```

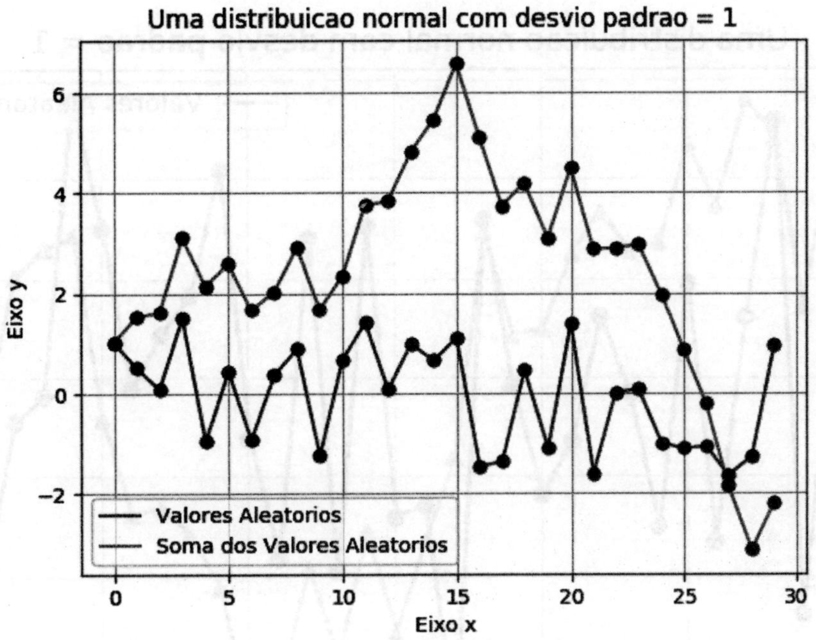

Figura 16.8: Variáveis aleatórias e seu somatório

```
y = np.random.standard_normal((30,2))
y[::,1] = y[::,0].cumsum()
y[::,0] = 100 * y[::,0]
fig, eixo1 = plt.subplots()
plt.plot(y[:,0], 'b', lw = 1.5,
label='Valores Aleatorios')
plt.plot(y[:,0], 'ro')
plt.grid(True)
# A legenda da coluna 0 ficara no canto superior direito
plt.legend(loc=1)
plt.axis('tight')
plt.xlabel('Eixo x')
plt.ylabel('Eixo y da coluna dos valores aleatorios')
plt.title('Uma distribuicao normal \
com desvio padrao = 1')
eixo2 = eixo1.twinx()
plt.plot(y[:,1], 'r', lw = 1.5,
label='Soma dos Valores Aleatorios')
plt.plot(y[:,1], 'g^')
# A legenda da coluna 0 ficara
# no canto inferior esquerdo
plt.legend(loc=3)
plt.ylabel('Eixo y da coluna da soma \
dos valores aleatorios')
plt.show()
```

O código anterior produz o gráfico da Figura 16.9.

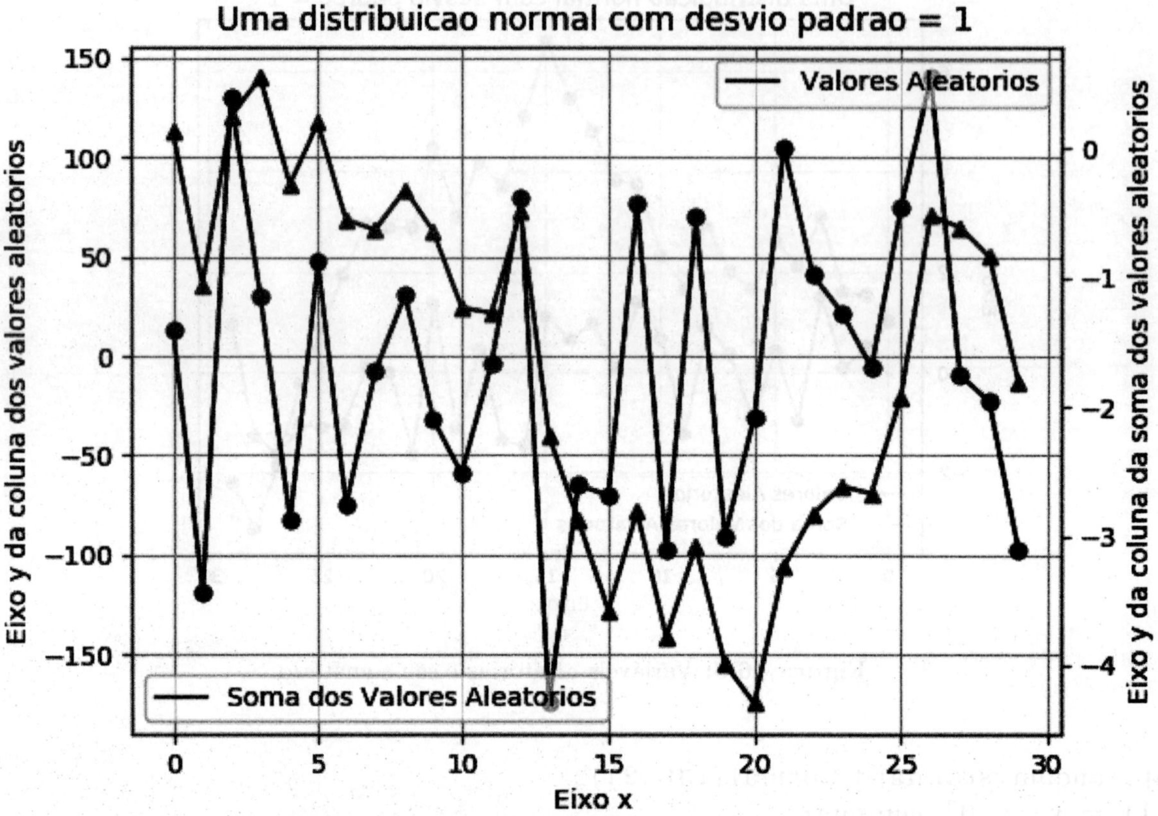

Figura 16.9: Gráfico com dois eixos ys distintos

16.12 Dois gráficos com estilos diferentes

Até o presente momento foi utilizado a forma clássica de gráficos unidimensionais. Para criar gráficos como estilos distintos, é necessária apenas uma pequena modificação no código visto até o momento, com a mudança de plot por bar no segundo gráfico.

```
import matplotlib.pyplot as plt
import numpy as np
# Diminui-se o tamanho da amostragem para 20
y = np.random.standard_normal((20,2))
y[::,1] = y[::,0].cumsum()
y[::,0] = 100 * y[::,0]
plt.figure()
# Graficos com uma linha e duas colunas
plt.subplot(121)
plt.plot(y[:,0], 'b', lw = 1.5, label='Valores Aleatorios')
plt.plot(y[:,0], 'ro')
plt.grid(True)
# Posicao da legenda escolhida pelo sistema
plt.legend(loc=0)
plt.axis('tight')
plt.xlabel('Eixo x do primeiro grafico')
```

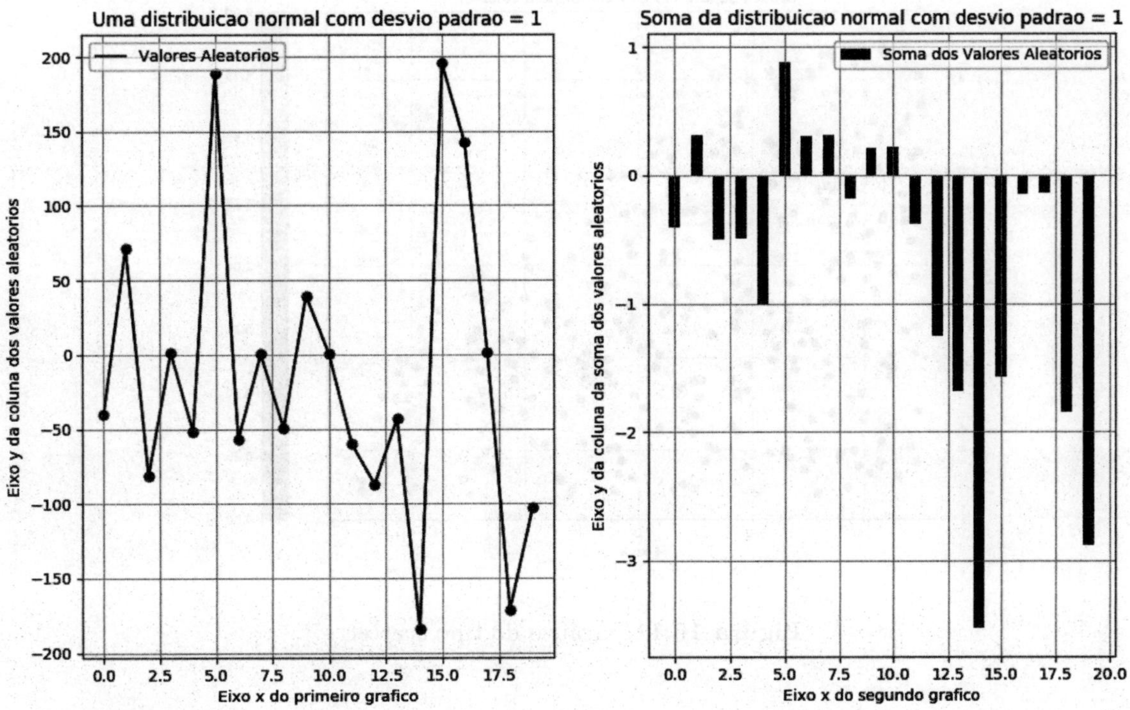

Figura 16.10: Gráfico de linhas e barras

```
plt.ylabel('Eixo y da coluna dos valores aleatorios')
plt.title('Uma distribuicao normal com desvio padrao = 1')
# Inicio da criacao do segundo grafico
plt.subplot(122)
# O grafico sera do tipo barras
plt.bar(np.arange(len(y)), y[:,1], width=0.5,
        color='r', label='Soma dos Valores Aleatorios')
plt.grid(True)
plt.legend(loc=0)
plt.axis('tight')
plt.xlabel('Eixo x do segundo grafico')
plt.ylabel('Eixo y da coluna da soma dos valores aleatorios')
plt.title('Soma da distribuicao normal com desvio padrao = 1')
plt.show()
```

O resultado do código anterior pode ser visto na Figura 16.10.

16.13 Um gráfico interessante usando Numpy

O próximo código é interessante. Nele é gerado um array de 500x2 e é usado o estilo scatter, onde os pontos são colocados no gráfico sem uma reta ou barra relacionando-os. Usando operações Numpy, em particular o método where, criou-se um segundo array, cujo resultado pode ser 2,1 ou 0, dependendo da soma das linhas do array 500x2. Caso for maior que 2.5, receberá valor 2. Caso fique entre 2.5 e -2.5 receberá o valor 1. Caso não se encaixe em nenhum dos casos anteriores, receberá o valor 0.

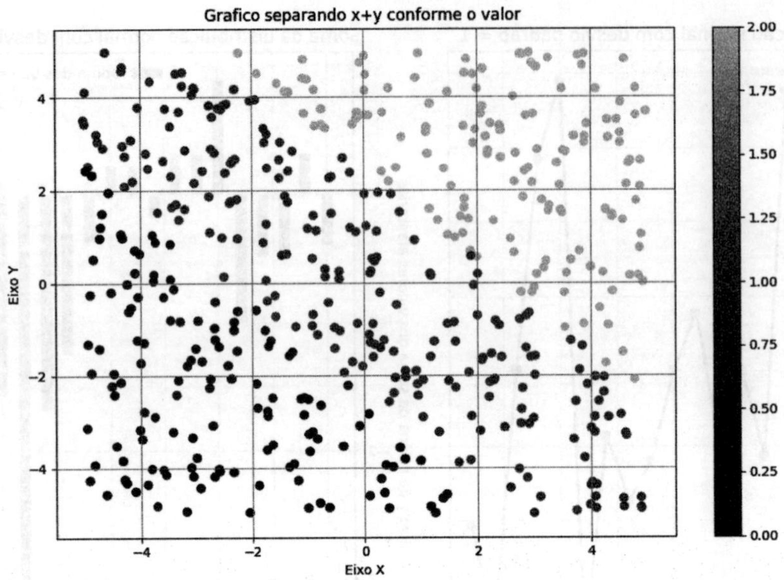

Figura 16.11: Gráfico do tipo scatter

```
import matplotlib.pyplot as plt
import numpy as np
y = np.random.uniform(-5,5,(500,2))
d = np.where(y[:,0] + y[:,1]>=2.5, 2,
             np.where(y[:,0] + y[:,1]>=-2.5,
             1,0))
plt.scatter(y[:,0],y[:,1], c = d, marker = 'o')
plt.colorbar()
plt.grid(True)
plt.xlabel('Eixo X')
plt.ylabel('Eixo Y')
plt.title('Grafico separando x+y conforme o valor')
plt.show()
```

O gráfico resultante deste código pode ser visualizado na Figura 16.11.

16.14 Histogramas

Um gráfico muito utilizado em pesquisas é o Histograma, onde os dados são agrupados em determinadas faixas de valores. Aproveitando as distribuições anteriormente apresentadas, a uniforme e a normal, o código a seguir apresenta as duas distribuições na forma gráfica.

```
import numpy as np
import matplotlib.mlab as mlab
import matplotlib.pyplot as plt

# Elaboração de uma distribuição normal de
# 1000 elementos com media 100 e sigma = 15
mu, sigma = 100, 15
```

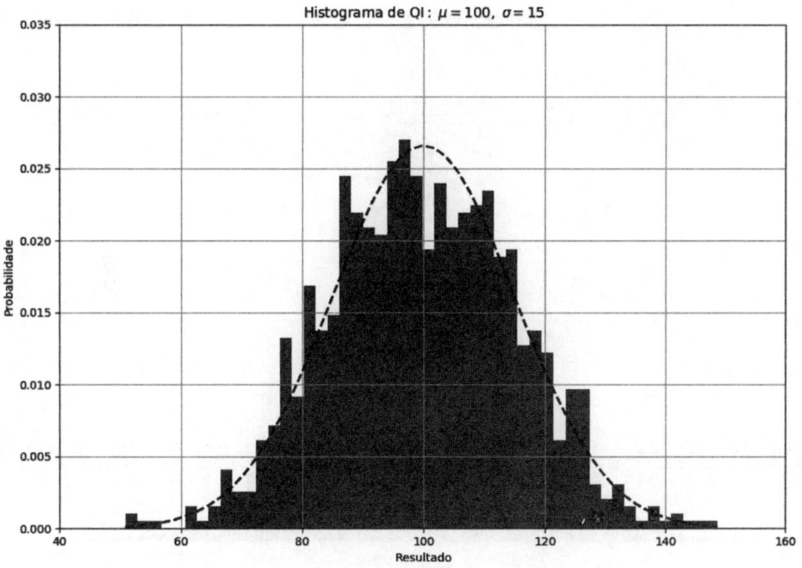

Figura 16.12: Histograma de QI para 1000 elementos

```
x = mu + sigma*np.random.randn(1000)

# Histograma de uma distribuição normal
n, bins, patches = plt.hist(x, bins = 50,
                            normed=1,
                            facecolor='green',
                            alpha=0.85)

# Adicionar uma linha de distribuição normal de ajuste
y = mlab.normpdf( bins, mu, sigma)
l = plt.plot(bins, y, 'r--', linewidth=2)

plt.xlabel('Resultado')
plt.ylabel('Probabilidade')
plt.title(r'$\mathrm{Histograma\ de\ QI:}\ \mu=100,\ \sigma=15$')

# Definição do tamanho dos eixos
plt.axis([40, 160, 0, 0.035])
plt.grid(True)

plt.show()
```

O resultado do código anterior pode ser visualizado na Figura 16.12.

Caso aumentasse o tamanho da amostra para 100.000 elementos, como esperado, ela se aproximaria para o resultado do gráfico de uma distribuição normal, conforme se vê na figura 16.13.

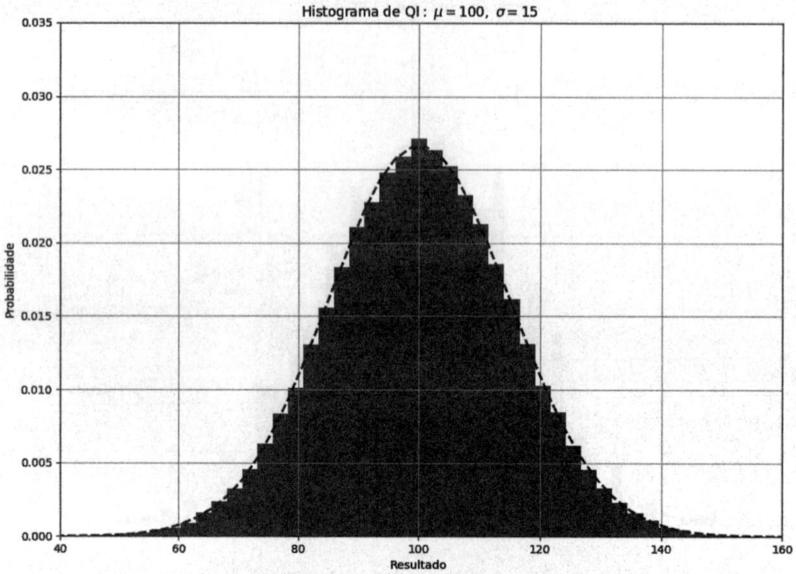

Figura 16.13: Distribuição normal com 100.000 elementos

16.15 Gráficos 3D

16.15.1 Gráfico de Linha

Usando o paradigma de Figure, pode-se montar gráficos tridimensionais como o da Figura 16.14.

```
import matplotlib as mpl
from mpl_toolkits.mplot3d import Axes3D
import numpy as np
import matplotlib.pyplot as plt

mpl.rcParams['legend.fontsize'] = 10

fig = plt.figure()
ax = fig.gca(projection='3d')
theta = np.linspace(-4 * np.pi, 4 * np.pi, 100)
z = np.linspace(-2, 2, 100)
r = z**2 + 1
x = r * np.sin(theta)
y = r * np.cos(theta)
ax.plot(x, y, z, label='Curva Parametrica')
ax.legend()

plt.show()
```

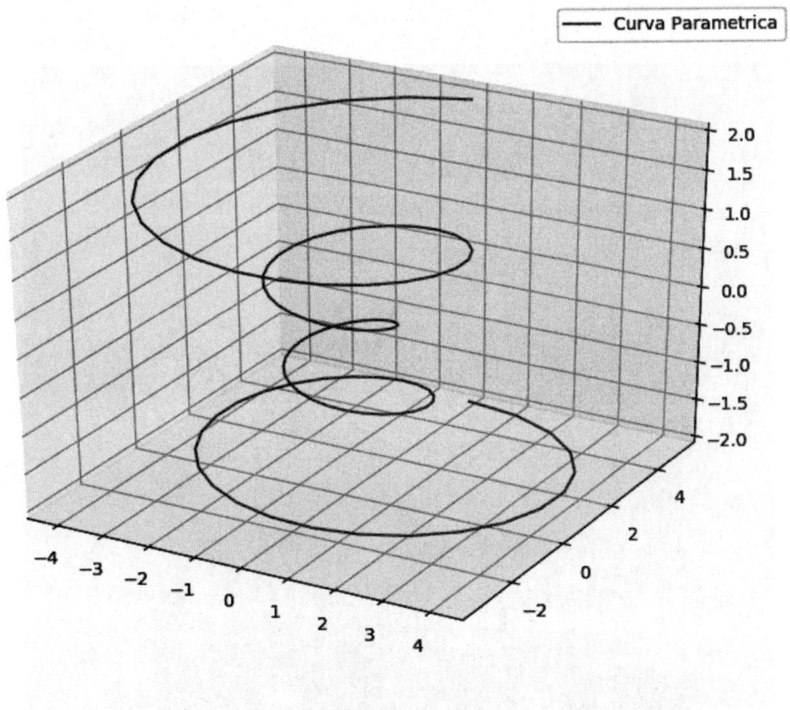

Figura 16.14: Gráfico 3D

16.15.2 Gráfico de Contorno

Pode-se montar um gráfico 3D baseado numa figura 2D, denominada Plotagem de Contorno. Veja o gráfico, resultado da equação abaixo, na Figura 16.15.

$$z = (1 - \frac{x}{2} + x^5 + y^3) * e^{-x^2 - y^2}$$

```
import numpy as np
import matplotlib.pyplot as plt

def f(x, y):
    return (1 - x / 2 + x ** 5 + y ** 3) *
                np.exp(-x ** 2 -y ** 2)

n = 256
x = np.linspace(-3, 3, n)
y = np.linspace(-3, 3, n)

X,Y = np.meshgrid(x, y)

# define o tamanho da figura
plt.axes([0.1, 0.1, 0.8, 0.8])

# Faz a plotagem do mapa de calor
plt.contourf(X, Y, f(X, Y), 8, alpha=.75, cmap=plt.cm.hot)
```

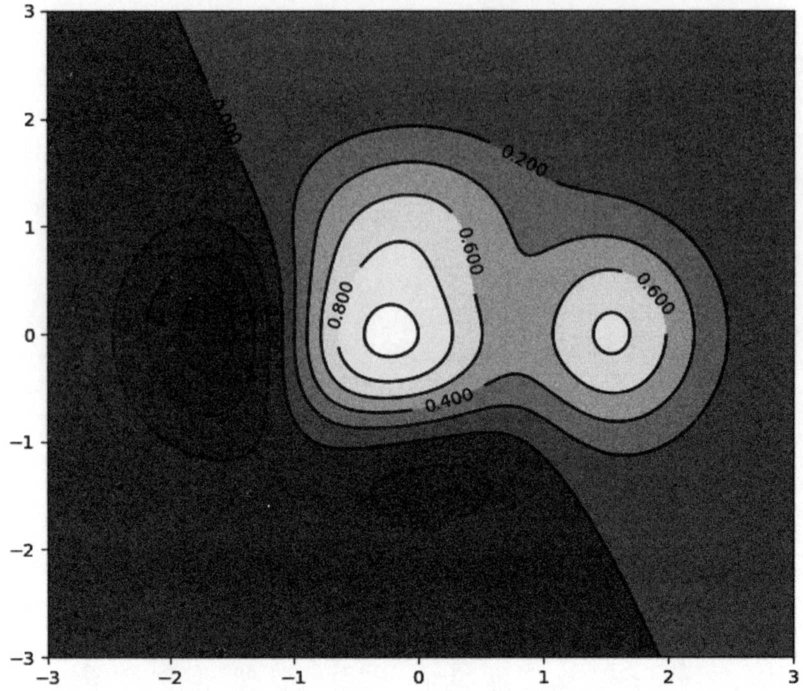

Figura 16.15: Gráfico de figura de contorno

```
# Desenha os contornos da figura
C = plt.contour(X, Y, f(X, Y), 8, colors='black', linewidth=.5)

#Coloca as legendas nos contornos da figura
plt.clabel(C, inline=1, fontsize=10)

plt.show()
```

16.16 Exercícios Resolvidos

1. Crie 4 histogramas de distribuições normais em uma matriz de visualização 2x2. Os histogramas devem compartilhar os eixos horizontais e verticais.

```
import numpy as np
import matplotlib.pyplot as plt

# Aqui são criados os elementos
# da matriz de visualização
fig, eixos = plt.subplots(2, 2, sharex = True,
                          sharey = True)
for i in range(2):
    for j in range(2):
        eixos[i,j].hist(np.random.randn(500),
```

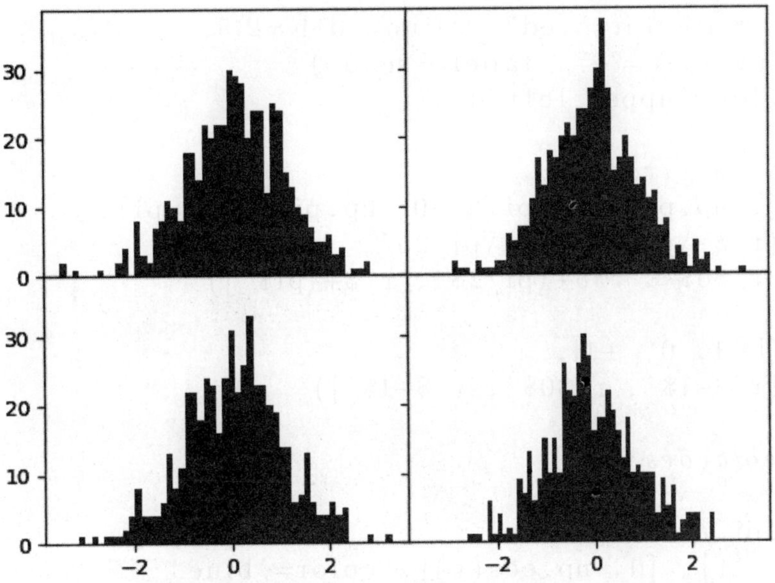

Figura 16.16: Histograma 2x2

```
    bins = 50, color = 'r', alpha = 0.75)

# É realizado o ajuste de espaço entre os gráficos
# O parâmetro igual a zero determina que não há espaço
plt.subplots_adjust(wspace = 0, hspace = 0)
plt.show()
```

A visualização deste gráfico é vista na Figura 16.16.

2. Faça o gráfico mais detalhado possível das funções seno e coseno, no domínio $-\pi, \pi^3$.

```
import numpy as np
import matplotlib.pyplot as plt

X = np.linspace(-np.pi, np.pi, 256, endpoint=True)
C, S = np.cos(X), np.sin(X)

ax = plt.gca() # gca sginifica 'get current axis'
ax.spines['right'].set_color('none')
ax.spines['top'].set_color('none')
ax.xaxis.set_ticks_position('bottom')
ax.spines['bottom'].set_position(('data',0))
ax.yaxis.set_ticks_position('left')
ax.spines['left'].set_position(('data',0))

# Ajustando as cores, estilos de linha e legendas
```

[3] A solução deste problema pode ser obtida da adaptação de http://www.scipy-lectures.org/intro/matplotlib/matplotlib.html

```
plt.plot(X, C, color="blue", linewidth=2.5,
        linestyle="-", label="coseno")
plt.plot(X, S, color="red", linewidth=2.5,
        linestyle="-", label="seno")
plt.legend(loc='upper left')

# Ajustando os eixos
plt.xticks([-np.pi, -np.pi/2, 0, np.pi/2, np.pi],
          [r'$-\pi$', r'$-\pi/2$',
           r'$0$', r'$+\pi/2$', r'$+\pi$'])

plt.yticks([-1, 0, +1],
          [r'$-1$', r'$0$', r'$+1$'])

#Fazendo anotações

t = 2 * np.pi / 3
plt.plot([t, t], [0, np.cos(t)], color='blue',
        linewidth=2.5, linestyle="--")
plt.scatter([t, ], [np.cos(t), ], 50, color='blue')
plt.annotate(r'$seno(\frac{2\pi}{3})=\frac{\sqrt{3}}{2}$',
             xy=(t, np.sin(t)), xycoords='data',
             xytext=(+10, +30),
             textcoords='offset points',
             fontsize=16,
             arrowprops=dict(arrowstyle="->",
             connectionstyle="arc3,rad=.2"))
plt.plot([t, t],[0, np.sin(t)], color='red',
        linewidth=2.5,
        linestyle="--")
plt.scatter([t, ],[np.sin(t), ], 50, color='red')
plt.annotate(r'$coseno(\frac{2\pi}{3})=-\frac{1}{2}$',
             xy=(t, np.cos(t)), xycoords='data',
             xytext=(-90, -50),
             textcoords='offset points',
             fontsize=16,
             arrowprops=dict(arrowstyle="->",
             connectionstyle="arc3,rad=.2"))

plt.show()
```

O gráfico detalhado das funções seno e cosseno pode ser visualizada na Figura 16.17.

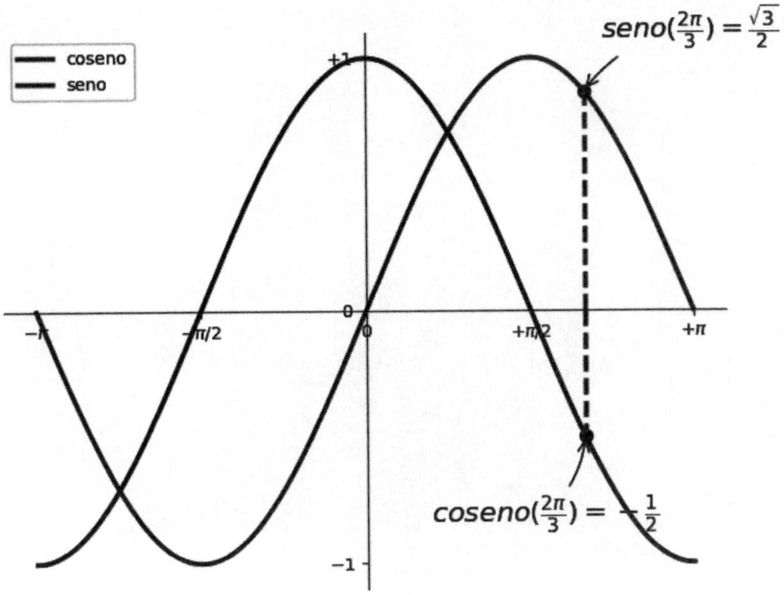

Figura 16.17: Gráfico Seno e Cosseno

16.17 Para Saber Mais

A melhor forma de criar gráficos é consultando a URL https://matplotlib.org/gallery.html onde há centenas de exemplos com o código associado. Escolha o gráfico desejado e faça a adaptação referente ao seu código.

Exercícios Propostos

1. Faça um programa para ler 50 valores de temperaturas em graus Celsius. Transformar essas temperaturas em Farenheit e imprimir a média das temperaturas em Celsius e Farenheit e quantas temperaturas ficaram acima da média em Farenheit.

2. Leia um vetor de 40 posições e conte quantos elementos pares se encontram no vetor.

3. Leia uma frase e imprima o total de vogais, o total de brancos e o total do resto.

4. Ler um vetor de números inteiros de 30 posições. Depois, ler um número inteiro X, imprimir quantas vezes o número X aparece no vetor.

5. Leia um vetor de 16 posições e troque as 8 primeiras posições pelas 8 últimas posições. Imprima o vetor original e o vetor trocado.

6. Um palíndromo é uma cadeia que pode ser lida de frente para trás e de trás para frente. Ex: 'SOMOS' '1234321'. Implemente a função palíndromo(palavra). O parâmetro palavra é uma string. A função deverá retornar True se for um palíndromo e False caso contrário.

7. Um anagrama (do grego ana = "voltar"ou "repetir"+ graphein = "escrever") é uma espécie de jogo de palavras, resultando do rearranjo das letras de uma palavra ou frase para produzir outras palavras, utilizando todas as letras originais exatamente uma vez. Um exemplo conhecido é o nome da personagem Iracema, claro anagrama de América, no romance de José de Alencar. Implemente a função anagrama(frase1, frase2). Os parâmetros frase1 e frase2 são string. A função deverá retornar True se forem anagramas e False caso contrário. Despreze acentuação (por exemplo: ã = a e ç = c) e os espaços não devem ser computados para efeitos do anagrama.

8. Considere um vetor de trajetórias de 9 elementos onde cada elemento possui o valor do próximo elemento a ser lido.

Indice	0	1	2	3	4	5	6	7	8
Valor	4	6	5	8	1	7	3	0	2

   Fazer um programa que leia esse vetor e imprima a trajetória correta: sequência de impressão 4, 1, 6, 3, 8, 2, 5, 7, 0.

9. Crie uma matriz 5x5 com 1 na diagonal principal e 0 nas outras posições. Imprima a matriz no formato tradicional de linhas e colunas.

10. Crie a função transposta(matriz). A função deve receber uma matriz genérica bidimensional, de qualquer tamanho (não necessariamente quadrada) e retornar a matriz transposta, sem alterar a matriz original.

11. Crie a função maior10(matriz). A função deve receber uma matriz genérica, de qualquer tamanho (não necessariamente quadrada) e retornar a quantidade de elementos da matriz maiores que dez.

12. Cálculo aproximado de π (Pi) pelo Método de Monte Carlo. Dada a função $x^2 + y^2 <= 4$, calcule o valor aproximado de π com 4.106 interações. Dicas: use random.random() * 2 para gerar valores entre 0 e 2 para as variáveis x e y e conte o número de pontos (x,y) que satisfazem a equação dada e divida o resultado por 106. Cuidado com o tipo de dados.

13. Crie a função multiplica-matriz(mat1, mat2) que deve retornar o produto de duas matrizes bidimensionais genéricas, sem alterar as matrizes originais. A função deve imprimir uma mensagem de erro e retornar um vetor vazio ([]) caso não for possível realizar o produto das duas matrizes.

14. Faça um programa que calcule o valor de π pela soma dos n primeiros termos da série abaixo: $\sqrt{(12 * (1 - 1/4 + 1/9 - 1/16 + 1/25 - 1/36 \ldots)}$

15. Escreva uma função para condensar os elementos de uma lista ordenada L, que contém inteiros repetidos. Por exemplo, para L = [3, 3, 3, 3, 7, 7, 13, 13, 23], a função retorna ['3∧e4', '7∧ 2', '13∧ 2', '23'] (repare que são strings). Note-se que no caso de um número aparecer uma única vez, não deve haver expoente unitário.

16. Crie um programa que:

    a) Leia e escreva o nome e a altura das moças inscritas em um concurso de beleza, até que seja digitada o nome 'MARIA', que marca o final da lista, mas é para ser computada no concurso.
    b) Calcule e escreva as duas maiores alturas e quantas moças as possuem.

17. Uma certa firma fez uma pesquisa para saber se as pessoas gostaram ou não de um novo produto lançado no mercado. Para isso, forneceu o sexo do entrevistado e sua resposta (sim ou não). Sabendo-se que foram entrevistadas 2.000 pessoas, crie um programa que calcule e escreva:

    a) o número de pessoas que responderam sim;
    b) a porcentagem de pessoas do sexo masculino que responderam não.

18. Crie um programa que leia um número N e verifique se ele é primo. O seu programa deve fazer o MÍNIMO de interações possíveis.

19. Crie um programa que leia um número N e imprima os N primeiros números primos. O seu programa deve fazer o MÍNIMO de interações possíveis.

20. Crie um programa que leia um número N e imprima se ele é perfeito ou não. Um número é perfeito quando a soma dos seus divisores é igual a ele mesmo, e.g., 6 = 3 + 2 + 1.

21. Crie um programa que imprima os 4 primeiros números perfeitos.

22. Crie um programa de caixa eletrônico que lê a quantidade de dinheiro a ser sacado e imprime a menor quantidade de notas a ser dada ao usuário. A sua máquina de saque eletrônico é carregada com 1.000 (mil) notas de 100, 50, 20, 10, 5 e 1 cada. Imprimir também a quantidade de cada nota a ser dada ao usuário. Lembre-se que você tem uma quantidade finita de cada tipo de nota. O final da leitura é marcado pelo valor 0 que não deve ser calculado. Exemplo: 98 = uma nota de 50, duas notas de 20, uma nota de 5, e três notas de 1. Perceba que a cada saque há uma quantidade menor de cada tipo de notas. Outra situação é quando não é possível sacar o dinheiro com a quantidade de notas existentes. Neste caso, o programa deve cancelar a operação e informar o usuário que não é possível realizar o saque.

23. Crie um programa que imprima os "n"primeiros números que sejam primos e façam parte da série de Fibonacci UTILIZANDO OBRIGATORIAMENTE FUNÇÕES.

24. Crie um programa que leia N números inteiros positivos e responda se é possível formar um polígono com o mesmo (dica: maior número ¡ soma dos demais números).

25. Crie um programa que verifique se existe alguma raiz na equação Ax∧3 + Bx∧2 + Cx+D no intervalo [-1.000, 1.000]. Seu programa deve ler os coeficientes A, B, C e D. Dica: incremente o valor de x de uma unidade a cada interação e verifique se houve uma mudança de sinal no resultado da equação, se o sinal mudou, existe a ocorrência de uma raiz (não é necessário calcular a raiz).

26. Crie um programa que leia um número (com qualquer número de dígitos) em uma base numérica de ordem ¡ 10 e calcule o número correspondente na base decimal. O número da ordem da base (e.g., 2 para binária, 3 para ternária, 8 para octal, etc.) deve também ser informado pelo usuário.

27. Crie um programa que leia um número decimal (com qualquer número de dígitos) e o converta para a base hexadecimal. A resposta deve ser dada em string.

28. Seu programa deve ler as variáveis inteiras A e B. Posteriormente, calcule o Máximo Divisor Comum (MDC) entre A e B, a quantidade de divisores comuns entre A e B e o Mínimo Múltiplo Comum (MMC) entre A e B.

29. Implemente o seguinte programa de criptografia: dada uma frase qualquer, se o código ASCII do caractere for par, subtraia três do código ASCII. Se for ímpar, some três.

30. Leia um número A real positivo. Calcule sua raiz real utilizando o método babilônico indo até a 10a interação (x10). Considere, por hipótese, x0 = 1. x_(n+1)=((x_n+A/x_n))/2

31. Jogo de dados. Dois jogadores estão confrontando-se entre si, usando dois dados, numerados de 1 até 6 (dado random.randint(1,6)). Vence uma rodada quem obtiver o maior número no lançamento. Entretanto, caso um jogador obtiver um lançamento com dois dados iguais (por exemplo, 1 e 1, 2 e 2,....) e o outro jogador não, o jogador que tiver lançado a dupla ganha. Caso os dois jogadores fizerem o lançamento e o resultado for de duas duplas para os dois jogadores, ganha o jogador com a dupla maior. A disputa é em 11 lançamentos. Indique o jogador vencedor ou se houve empate.

32. Implemente o jogo Blackjack ou 21. No caso temos apenas dois jogadores, o cliente (humano) e a banca (computador). O ás pode valer 1 ou 11, de acordo com as cartas que o jogador possui. O valete (J), a dama (Q) e o rei (K) valem 10. A simulação da obtenção das cartas deve ser feita com o uso de números aleatórios (Dica: carta random.randint(1,13), isto é, variando de 1 a 13). Os números 11, 12 e 13 representam respectivamente J, Q e K. Não há a necessidade de representar um baralho real de 52 cartas. O cliente recebe inicialmente duas cartas aleatoriamente e decide se pede outra ou não, dependendo do somatório. Caso a soma das cartas seja maior que 21, o cliente perde. O cliente pode passar a vez para a banca (que não possui cartas no início do jogo), que, para vencer, terá que obter obrigatoriamente um número maior que o cliente e MENOR do que 21, caso contrário, o cliente ganha. O jogo tem apenas uma rodada. Informe quem ganhou ou se houve empate.

33. Jogo da subtração. Seu programa deverá ler uma variável positiva T e posteriormente mais três variáveis positivas S1, S2 e S3, sendo que estas variáveis são obrigatoriamente menores que T. O jogo consiste de dois jogadores, J1 e J2. A cada rodada a variável T é subtraída por uma das variáveis S1 ou S2 ou S3, escolhida pelo jogador da rodada. Perde o jogo quando o jogador ao executar sua subtração, obtém um valor menor do que zero. O seu programa deve apontar o jogador VENCEDOR.

34. Elabore um programa que calcule a quantidade de dias existentes entre duas datas. Dica: utilize as variáveis D1, M1, A1, D2, M2, A2. Por hipótese, as variáveis dos anos não precisam considerar a correção do calendário gregoriano. Lembre-se que há regras especiais de anos bissextos conforme o ano específico.

35. Faça um programa que preencha uma matriz 3x3 com valores aleatórios e calcule o seu determinante. Uma vez a matriz lida, a parte que faz o cálculo do determinante não se pode ter mais de 4 linhas e não pode haver mais de três células especificadas por linha (em outras palavras, você não pode colocar em uma única linha a fórmula do determinante).

36. Leia um arquivo texto.txt e conte a quantidade de quantas vezes cada palavra ocorre no texto, criando dois vetores distintos ou utilizando a estrutura de dicionários. Você tem ainda que considerar que o texto possui pontuação e números, que não deverão fazer parte da contagem.

37. Crie um vetor com 100 elementos aleatórios. Após isso faça a ordenação dos mesmos, SEM UTILIZAR O MÉTODO sort().

38. Leia um arquivo entrada.txt e troque todas as letras minúsculas por maiúsculas e vice-versa. Grave o resultado em um arquivo saida.txt.

39. Leia um arquivo entrada.txt e conte quantas vezes cada letra do alfabeto (independente de ser maiúscula ou minúscula) aparece. Grave o resultado em um arquivo saida.txt, com a letra e o número de ocorrências. O arquivo saída terá o formato, por exemplo:
    A 13
    B 28
    Z 1

40. Implemente a função area_triangulo(matriz). O parâmetro matriz é uma matriz 3x2 que contém as coordenadas x e y do pontos do triângulo. Utilize fórmula de Heron para calcular a área. $\sqrt{(s.(s-a).(s-b).(s-c))}$ Onde s é o semiperímetro do triângulo e a, b e c são os comprimentos dos lados do triângulo.

41. Implemente a função area_poligono(matriz). Esta função calculará a área de um polígono convexo cujos vértices estão na matriz (N x 2 – N indeterminado). Dicas: utilize a função area_triangulo(mat) que calcula a área de um triângulo. Em um quadrilátero com vértices X1, X2, X3 e X4, a área do mesmo consiste da soma dos triângulos com vértices (X1, X2 e X3) e (X1, X3 e X4).

42. Escreva um programa para converter números inteiros, menores do que 4000 e escritos em algarismos arábicos, para romanos. Obs: evite escrever mais do que nove "if"s.

    Dicas: - A ideia é usar um comando while para analisar cada casa decimal e gerar os caracteres romanos diferentemente para cada iteração. - Use uma string ou dicionários para armazenar as letras correspondentes a cada casa decimal.

    Exemplo: 1666 corresponde a string "MDCLXVI", onde: as letras nas posições 5 e 6 correspondem às unidades (VI), as letras nas posições 3 e 4 correspondem às dezenas (LX), as letras nas posições 1 e 2 correspondem às centenas (DC), a letra na posição 0 corresponde aos milhares (M).

43. Escreva um programa para converter números escritos em algarismos romanos (menores que 4000) para arábicos.

44. Escreva uma função fat_primo(num) que decompõe num em fatores primos e retorna um vetor com a decomposição.

45. Considere alguma sequência de elementos (difere de um mero conjunto de elementos por definir uma ordem entre os seus membros). Enumere, então, todas as subsequências não contínuas de uma dada sequência. Dicas: - Uma subsequência sempre contém algum subconjunto de elementos da sequência, na mesma ordem. - Uma subsequência contínua é aquela em que nenhum elemento

está faltando, entre o primeiro e o último elemento da subsequência. Exemplo: $(1, 2, 3, 4) \rightarrow$ $[[1, 2, 4], [1, 3, 4], [1, 3], [1, 4], [2, 4]]$

46. Torres de Hanói. Implemente a função hanoi(num), onde num é a quantidade de blocos do problema da torre de Hanói. A sua função deve dizer qual o movimento realizado e quantos blocos têm em cada torre após cada movimento.

47. O Sudoku [4] é um passatempo, pra ser jogado por apenas uma pessoa, que envolve raciocínio e lógica. A ideia do jogo é bem simples: completar todas as 81 células usando números de 1 a 9, sem repetir os números numa mesma linha, coluna ou grade. Implemente a função Sudoku(matriz). A variável matriz tem dimensão 9x9 elementos, com valores de 0 a 9, onde 0 representa uma posição vazia. A função deve trocar todos os números errados por 0. Você pode utilizar os métodos embutidos nas classes list e set do Python.

48. Jogo da memória com 18 blocos. Crie um vetor com 18 posições, numeradas de 0 a 9 e 0 a 9 novamente. Misture estas posições. Crie um vetor de 18 posições com valores booleanos setados como False. Preencha uma numeração bem formatada de 0 a 17 no topo da tela e logo abaixo dela preencha com asteriscos, um para cada posição. O jogador então escolherá duas posições, de 0 a 17. Caso os números sejam idênticos, a posição de valores booleanos será setada para True e a posição descoberta na próxima rodada. O jogo termina quando todas as posições forem reveladas. Forneça ao usuário o número de rodadas necessárias para completar o jogo.

49. Soma de números fracionários. Implemente a função soma_fracionarios(matriz). A variável matriz contém os números fracionais que serão somados. Por exemplo matriz = [[1,2],[-3,5],[2,7]].
Isto representaria a soma: 1/2+(-3)/5+2/7.
O resultado desta soma seria: (35-42+20)/70=13/70.
A função neste caso retornaria [13, 70]. A matriz de retorno deve ser a mais simples possível. Suponha que o resultado fosse [4,10]. Neste caso, o valor de retorno deveria ser [2, 5].

50. Paradoxo do aniversário. Em teoria das probabilidades, o paradoxo do aniversário afirma que dado um grupo de 23 (ou mais) pessoas escolhidas aleatoriamente, a chance de que duas pessoas terem a mesma data de aniversário é de mais de 50 %. Implemente um programa que mostra esta teoria. Podem ser utilizados os métodos embutidos nas classes list e set.

[4] Veja as regras do jogo em https://www.geniol.com.br/logica/sudoku/tutorial/

Referências Bibliográficas

BARRY, Paul; GRIFFITHS, David. *Use a cabeça programação.* Rio de Janeiro: Alta Books, 2010.

BORGES, Luis E. *Python para Desenvolvedores.* 2 ed. Disponível em: http://ark4n.wordpress.com/python/. Acessado em: setembro 2017.

DOWNEY, Allen . *Pense em Python*, São Paulo: Novatec, 2016.

HILPISCH, Yves, *Python for Finance*, Sebastopol, CA, USA: O'Really, 2015.

MARCK, L. e ASCHER, David. *Aprendendo Python.* Porto Alegre: Bookman, 2007.

McKINNEY, Wes, *Python for Data Analysis*, Sebastopol, CA, USA: O'Really, 2013.

MENEZES, Nilo N.C.*Introdução à Programação com Python*, São Paulo: Novatec, 2014.

RAMALHO,Luciano *Python Fluente*, São Paulo: Novatec,2015

Impressão e acabamento
Gráfica da Editora Ciência Moderna Ltda.
Tel: (21) 2201 - 6662